I0828808

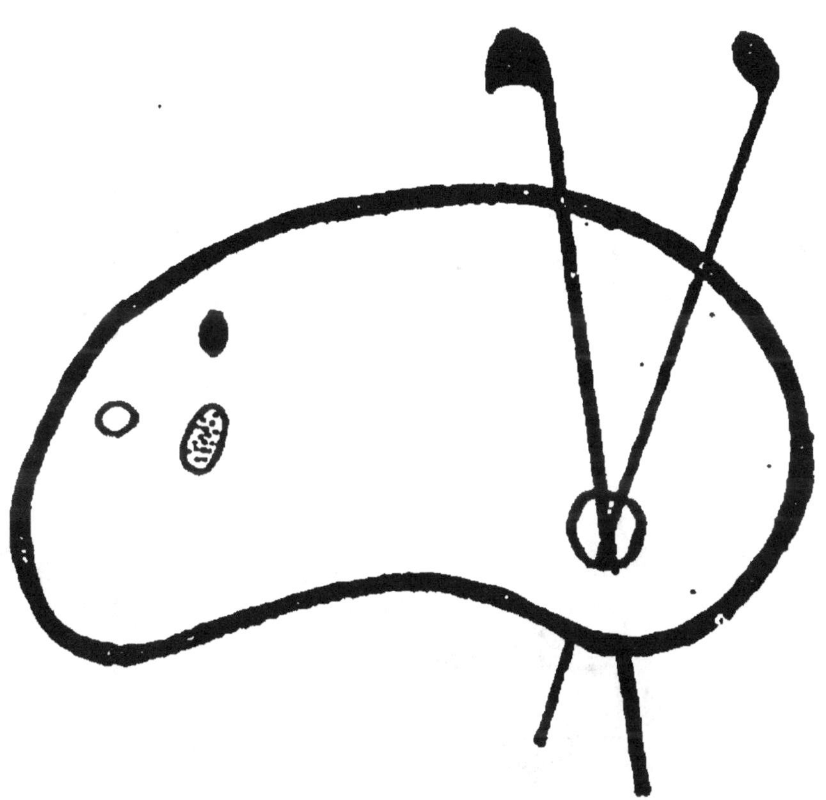

BIBLIOTHÈQUE CONTEMPORAINE

PIERRE LOTI
DE L'ACADÉMIE FRANÇAISE

LE DÉSERT

QUARANTIÈME ÉDITION

PARIS
CALMANN LÉVY, ÉDITEUR
RUE AUBER, 3, ET BOULEVARD DES ITALIENS, 15
A LA LIBRAIRIE NOUVELLE
1895

DERNIÈRES PUBLICATIONS

Format grand in-18, à 3 fr. 50 le volume

	vol.
ÉMILE AUGIER	
Théâtre complet..........	7
RENÉ BAZIN	
Humble amour............	1
MARQUIS DE CASTELLANE	
Les Temps nouveaux.....	1
EUGÈNE DELARD	
Le Sillon..................	1
BARONNE DOUBLE	
Josette....................	1
OCTAVE FEUILLET	
Honneur d'artiste.........	1
GYP	
Leurs âmes..............	1
PRINCE DE JOINVILLE	
Vieux Souvenirs..........	1
HENRI LAVEDAN	
Leur Cœur...............	1
HUGUES LE ROUX	
Notes sur la Norvège.....	1
LOUIS LÉTANG	
Le Lieutenant Philippe..	1
PIERRE LOTI	
Jérusalem..................	1
RICHARD O'MONROY	
Histoires crânes...........	1
HENRY RABUSSON	
Monsieur Cotillon..........	1
ART ROË	
Sous l'Étendard...........	1
EDM. SCHERER	
Histoire de la Littérature française au XVIIIe siècle	1
JEAN REIBRACH	
Éternelle énigme.........	1
LÉON DE TINSEAU	
Dette oubliée.............	1
CH. DE TORRESANI	
Le Quart d'heure de grâce	1
E. VACHEROT	
La Démocratie libérale...	1

Paris. — Imprimerie A. Delafoy, 3, rue Auber.

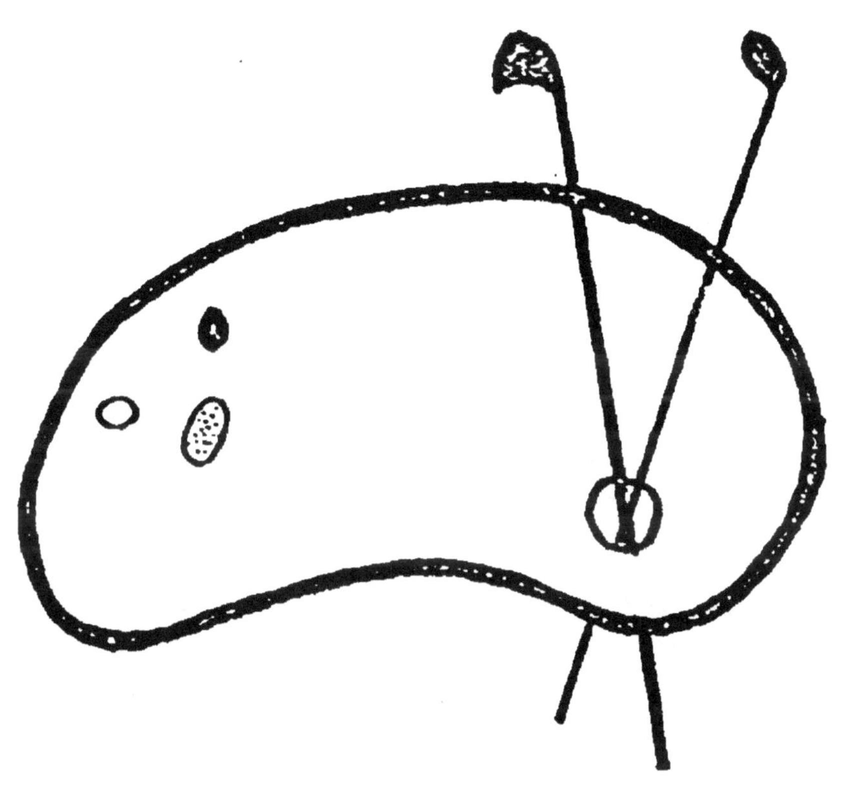

FIN D'UNE SERIE DE DOCUMENTS
EN COULEUR

LE DÉSERT

CALMANN LÉVY, ÉDITEUR

DU MÊME AUTEUR

Format grand in-18.

AU MAROC . . . . 1 vol.
AZIYADÉ . . . . 1 —
L'EXILÉE . . . . 1 —
FANTÔME D'ORIENT . . . . 1 —
FLEURS D'ENNUI . . . . 1 —
JAPONERIES D'AUTOMNE . . . . 1 —
JÉRUSALEM . . . . 1 —
LE LIVRE DE LA PITIÉ ET DE LA MORT . . . . 1 —
MADAME CHRYSANTHÈME . . . . 1 —
LE MARIAGE DE LOTI . . . . 1 —
MON FRÈRE YVES . . . . 1 —
PÊCHEUR D'ISLANDE . . . . 1 —
PROPOS D'EXIL . . . . 1 —
LE ROMAN D'UN ENFANT . . . . 1 —
LE ROMAN D'UN SPAHI . . . . 1 —

Éditions illustrées :

MADAME CHRYSANTHÈME, format in-8° cavalier, avec un grand nombre d'aquarelles et de dessins de Rossi et Myrbach . . . . 1 vol.

PÊCHEUR D'ISLANDE, format in-8° jésus, nombreuses compositions de E. Rudaux . . . . 1 —

PARIS. — IMPRIMERIE CHAIX. — 7020-3-95. — (Encre Lorilleux)

LE DÉSERT

PAR

PIERRE LOTI

DE L'ACADÉMIE FRANÇAISE

QUARANTIÈME ÉDITION

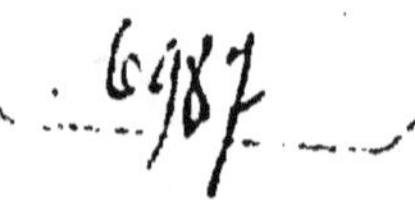

PARIS

CALMANN LÉVY, ÉDITEUR

ANCIENNE MAISON MICHEL LÉVY FRÈRES

3, RUE AUBER, 3

1895

PRÉFACE DE L'AUTEUR

Où sont mes frères de rêve, ceux qui jadis ont bien voulu me suivre aux champs d'asphodèle du Moghreb sombre, aux plaines du Maroc?... Que ceux-là, mais ceux-là seuls, viennent avec moi en Arabie Pétrée, dans le profond désert sonore.

Et que, par avance, ils sachent bien qu'il n'y aura dans ce livre ni terribles aventures, ni chasses extraordinaires, ni découvertes, ni dangers; non, rien que la fantaisie d'une lente promenade, au pas des chameaux berceurs, dans l'infini du désert rose...

Puis, au bout de la route longue, troublée de mirages, Jérusalem apparaîtra, ou du moins sa grande ombre, et alors peut-être, ô mes frères de rêve, de doute et d'angoisse, nous prosternerons-nous ensemble, là, dans la poussière, devant d'ineffables fantômes.

LE DÉSERT

I

Oasis de Moïse, 22 février 1894.

« Cet écrit émane de l'humble, devant la miséricorde de son Dieu très haut, le séïd Omar, fils d'Edriss, en faveur de son ami Pierre Loti, pour le recommander aux chefs de toutes les tribus d'Arabie, à l'effet d'avoir pour lui des égards et de l'aider pendant son voyage au pays des Arabes, car il vénère l'islamisme et il est animé des meilleurs sentiments pour notre religion.

» Et je serai satisfait de tous ceux qui l'auront respecté et assisté, ainsi qu'il le mérite.

» Écrit par nous, le 10 Chaban 1311,

» OMAR

» Fils d'Edriss, El Senoussi El Hosni. »

Sous la tente que j'habite depuis une heure, au

seuil du désert, je relis cette lettre qui doit être mon sauf-conduit à travers les tribus hostiles. Au bas de la page, en mystérieux caractères, est inscrite la très occulte invocation divine de la secte des Senoussi, qui a son foyer là-bas, au Moghreb, et dont le séïd est le représentant pour l'Arabie orientale.

Les dangers du voyage, il est vrai, je n'y crois guère, et leur attrait chimérique n'est pas ce qui m'amène ici; mais, pour essayer de voir encore, sous l'envahissement des hommes et des choses de ce siècle sans foi, la sainte Jérusalem, j'ai voulu y venir par les vieilles routes abandonnées et préparer mon esprit dans le long recueillement des solitudes.

Plusieurs de ces routes de sable m'étaient offertes.

D'abord la plus facile et la plus courte, celle dite du *petit Désert*, par El-Arich et les bords du golfe égyptien; déjà banalisée, celle-là, hélas! suivie tous les ans par plusieurs oisifs d'Angleterre ou d'Amérique, avec le confort et sous la protection des agences spéciales.

Une autre ensuite, moins fréquentée, par le Sinaï et par Nackel.

Enfin, la plus allongée de toutes, par le Sinaï, Akabah et le désert de Pétra; celle que j'ai choisie, parce que les guides me conseillaient de m'en détourner. Moins facile de tout temps, cette dernière est considérée, en Égypte, comme impraticable dans ce moment-ci, depuis la rébellion des tribus de l'Idumée, et il y a dix ans qu'aucun Européen n'a plus tenté de la suivre. Le cheik de Pétra surtout m'a été représenté comme un dangereux guetteur de caravanes, actuellement insoumis à tous les gouvernements réguliers, et sa personne, plus que son pays, m'attire là-bas. Il est d'ailleurs, comme presque tous les chefs de l'Idumée et du Hedjaz, affilié à la secte Senoussite; auprès de lui seul, sans doute, j'aurai à me servir de la lettre du séïd Omar, qui a tant de grandeur — et qui cadre si mal avec ces Bédouins de mon escorte, domestiqués, serviles, première déception de mon voyage.

Le désert, par exemple, n'est pas décevant, lui, même ici, à ce seuil où il ne fait que commencer d'apparaître. Son immensité prime tout, agrandit tout, et, en sa présence, la mesquinerie des êtres s'oublie.

Et si brusque a été la prise de possession de nous par lui; si subit, notre enveloppement de silence et de solitude!... Hier matin encore, c'était le Caire encombré de touristes, la vie comme dans toutes les stations hivernales élégantes. Hier au soir, c'était Suez, avec déjà plus d'isolement, dans un petit hôtel primitif, sentant la colonie et le sable.

aujourd'hui, après nos adieux aux dernières figures européennes, un bateau nous a amenés, par grand vent, de ce côté-ci de la mer Rouge, pour nous déposer seuls sur la plage déserte. Plus personne et plus rien, à la tombée du soir désolé...

Cependant on nous guettait là-bas, derrière les maigres palmiers de l'oasis de Moïse qui faisaient une lointaine tache sombre sur l'infini des sables. Et nous vîmes venir à nous des chameaux qui se hâtaient, conduits par des Bédouins de mauvais aspect.

En s'approchant, ils souriaient, les chameliers, et nous comprîmes qu'ils faisaient partie de nos gens, que leurs bêtes allaient être nos montures. Ils étaient armés de poignards et de longs coutelas de fer; leurs corps de momies desséchées apparaissaient par les trous des guenilles sans nom dont ils étaient couverts, débris de peaux de biques ou débris de burnous; ils étaient grelottants sous ce vent triste du soir, et leurs sourires montraient des dents longues.

En une demi-heure, ils nous menèrent à l'oasis de la *Fontaine de Moïse*, qui est le point initial des routes du désert et où nos tentes, parties du Caire deux jours avant nous, étaient dressées parmi les palmiers grêles. Notre interprète et nos domestiques, tous Arabes de Syrie, nous attendaient là, et, autour du camp, nos vingt chameliers, nos vingt chameaux faisaient un amas de misères et de laideurs sauvages, bêtes et gens couchés ensemble, sur le sable où se mêlaient leurs fientes et leurs souillures.

Dans notre voisinage, une autre caravane plus nombreuse que la nôtre, mais plus humble aussi, gisait par terre en une confusion semblable : des pèlerins de Russie, popes, paysans, vieilles femmes exténuées de fatigue, tous gens de foi ardente, qui revenaient du Sinaï, après tant de jours de soleil et tant de nuits de plein air glacé, le visage défait et la toux creuse.

Et tout de suite, autour de nous, c'était l'infini vide, le désert au crépuscule, balayé par un grand vent froid; le désert d'une teinte neutre et morte, se déroulant sous un ciel plus sombre que lui, qui, aux confins de l'horizon circulaire, semblait le rejoindre et l'écraser.

Alors, à regarder cela, nous prit une sorte d'ivresse et de frisson de la solitude; un besoin de nous enfoncer là dedans davantage, un besoin irréfléchi, un désir physique de courir dans le vent jusqu'à une élévation prochaine, pour voir plus loin encore, plus loin dans l'attirante immensité...

Du haut de la dune désolée où cette course nous mena, on voyait plus loin, en effet, et, sur le désert encore agrandi, traînait une dernière lueur de jour, descendue du ciel jaune par une déchirure qui lentement se faisait dans son voile...

Et voici, avec ce vent d'hiver, c'était sinistre tellement, qu'une mélancolie de source ancestrale et lointaine tout à coup se joignit à l'attirance du vide, un regret d'être venu, une tentation de fuir, quelque chose comme l'instinctive crainte qui fait rebrousser chemin aux bêtes des pays verts, à l'aspect de ces régions où plane la mort.

Sous la tente ensuite, à l'abri du vent, aux lumières, pendant notre premier dîner de nomades, l'insouciante gaîté nous revint, avec déjà l'accoutumance de ce grand seuil silencieux où le crépuscule achevait de s'éteindre.

Et puis, il y avait l'amusement très enfantin de revêtir nos costumes d'Arabes — nouveaux pour mes deux compagnons de voyage, s'ils ne l'étaient plus pour moi-même. Pas bien nécessaires, il est vrai, ces déguisements-là, surtout dans cette première partie du désert Sinaïtique où tant d'Européens ont déjà passé; mais plus commodes, au brûlant soleil des jours autant qu'au froid des soirs, et surtout incontestablement plus décoratifs pour cheminer sur des dromadaires; lorsqu'on n'est pas seul, on doit à autrui de ne pas promener dans son tableau de désert la tache ridicule d'un costume anglais, et c'est presque une question de bon procédé envers son prochain que de s'habiller au gré de son rêve d'artiste.

Donc, nous voici pour bien des jours dépêtrés de nos jaquettes occidentales, libres et peut-être embellis dans de longs burnous et de longs voiles; semblables à des cheiks d'Arabie — et impatients du départ matinal de demain.

II

> Après cela, Moïse fit partir les Israélites de la mer Rouge, et ils tirèrent vers le désert de Sur; et, ayant marché trois jours par le désert, ils ne trouvaient point d'eau. (*Exode*, XV, 22.)

Vendredi, 23 février.

Dans des barils et des outres, l'eau du Nil nous suit au désert de Sur. Tout le jour, cheminé dans l'immensité des sables arides, suivant ces vagues traces que font, à force de siècles, les rares passages des hommes et des bêtes, et qui sont les chemins du désert. — Au loin, les monotones horizons tremblent. Des sables semés de pierres grisâtres; tout, dans des gris, des gris roses ou des gris jaunes. De loin en loin, une plante d'un vert pâle, qui donne une imperceptible fleur noire — et les longs cous des chameaux se baissent et se tendent pour essayer de la brouter.

Les horizons tremblent de chaleur. Parfois on espère rencontrer, pour sa tête, l'ombre d'un nuage errant dans l'infini du ciel, ombre errante aussi sur l'infini des sables. Mais elle passe et fuit. Elles s'en vont, les petites ombres inutiles des nuages, rafraîchissant seulement des pierres ou de vieux ossements blanchis.

Inutiles aussi, les plus épaisses nuées qui maintenant, à l'issue du clair matin, vers l'heure méridienne, commencent à s'amonceler là-bas, sur les montagnes mortes, portant leur voile de fraîcheur et de mystère là où il n'y a rien. De plus en plus, elles se condensent, embrouillant de vapeurs ces lointains sans vie; du changeant et de l'irréel semblent à présent nous entourer; les sables où nous marchons se noient de tous côtés dans un ciel toujours plus bas et plus sombre, et enfin le soleil lui-même se ternit comme pour s'éteindre. Çà et là, seulement, au hasard d'une déchirure dans ces rideaux d'ombre, la cime dénudée d'une montagne s'éclaire, ou bien, plus près de nous, sous une percée d'où quelques rayons tombent, une colline de sable, toute pailletée de mica, se met à briller comme un tumulus d'argent.

Pendant la halte alourdie du milieu du jour, nos chameaux de charge nous dépassent, comme il est d'usage en caravane, emportant, au fond des inquiétants lointains, nos bagages et nos tentes, pour que nous trouvions notre camp monté

1.

d'avance, en arrivant après eux à l'étape de nuit.

Plus solitairement donc, nous reprenons la marche de la fin du jour. Et, peu à peu, l'esprit s'endort dans la monotonie de l'allure lente et toujours balancée de la grande bête infatigable, qui s'en va, s'en va sur ses pattes longues. Et, au premier plan de toutes les choses grises, les yeux voilés de sommeil, qui s'abaissent, ne perçoivent plus que la continuelle ondulation de son cou, du même gris jaune que le sable, et le derrière de sa tête poilue, semblable à une petite tête de lion, qu'entoure un ornement sauvage, de coquilles blanches et de perles bleues, avec pendeloques de laine noire.

Vers le soir, nous entrons dans une région semée, à perte de vue, de maigres genêts; sorte de triste jardin sans limites visibles, — et le vent, qui se lève, le couvre et l'embrume d'une fine poussière de sable.

Toujours plus fort, ce vent que rien n'arrête. A la lumière mourante, on ne voit plus les choses qu'au travers de cet étrange nuage jaune, d'une transparence livide. Nos tentes, qui apparaissent là-bas, s'exagèrent dans le lointain, au milieu de l'immensité nue, prennent dans cette buée de sable des proportions de pyramides — et nos chameaux porteurs, qui errent alentour broutant les genêts, semblent des bêtes géantes qui mangeraient des arbres, aux dernières lueurs pâles du couchant.

Par grand vent, qui agite nos tentes avec un bruit de voilure de navire, nous nous arrêtons là pour la nuit, en ce point quelconque de la solitude infinie.

II

Samedi, 21 février.

Jusqu'à deux heures du matin, le vent tourmente sans trêve notre petit camp, si isolé au milieu d'espaces vides. Nos tentes s'agitent avec des claquements de voiles; dans l'obscurité, on sent passer sur sa tête des draperies qui remuent; la couchette légère est secouée, comme en mer durant les nuits mauvaises et, à l'entour du camp, les chameaux crient tous ensemble à la façon des bêtes de ménagerie. Malgré soi, on songe combien serait peu de chose la nomade maison de toile contre les pillards de la nuit, contre toutes les surprises du désert : avec tant de bruit, tant de remuement dans ces ténèbres, des mains seraient sur vous, une lame sous votre gorge, sans qu'on ait rien entendu venir, sans que les compagnons de route, dans les tentes voisines, aient rien soupçonné.

*
* *

Au jour levé, le temps est redevenu calme, immobile. Alors, au sortir de la tente, on regarde : le soleil monte, dans une pureté absolue d'atmosphère; plus rien de l'irréel d'hier au soir; les choses ont repris leurs apparences et leurs proportions vraies, des chameaux, du sable, de maigres genêts; tout est net, comme figé sous une lumière trop crue, et, au loin, au-dessus d'une nappe de lapis qui est la mer Rouge, les montagnes d'Égypte se dessinent encore.

Tout le matin, cheminé, cheminé dans les solitudes, à la même allure lente et balancée. Les genêts se font plus rares. Çà et là croît, solitaire, une étrange fleur de sable, quenouille sans feuillage qui sort du sol, teintée de jaune et de violet.

Et rien de vivant nulle part: pas une bête, pas un oiseau, pas un insecte; les mouches même, qui sont de tous les pays du monde, ici font défaut. Tandis que les déserts de la mer recèlent à profusion les richesses vitales, c'est ici la stérilité et la mort. Et on est comme grisé de silence et de non-vie, tandis que passe un air salubre, irrespiré, vierge comme avant les créations.

Le soleil monte, brûle, éclaire d'un feu blanc toujours plus admirable. Sur le sol, il y a des semis de petits galets noirs, ou bien des étincellements de mica ; mais, plus une plante à présent, plus rien.

Et la région commence à se faire tourmentée, presque montagneuse : des amas de graviers et de pierres, à jamais inutiles et inutilisables, affectant, on ne sait pourquoi ni pour quels yeux, des formes très cherchées, qui sans doute sont là immuables depuis des siècles, dans le même silence et les mêmes splendeurs de lumière. Sous l'éblouissant soleil, on ferme les yeux malgré soi, pendant des instants très longs; quand on les rouvre, l'horizon dur semble un cercle noir qui tranche sur la clarté du ciel, tandis que reste étonnamment blanc le lieu précis où l'on est, et où se meuvent, sur les parcelles des micas argentés, les ombres des grandes bêtes cheminantes, au balancement éternel.

Vers le soir, nous approchons d'une région de hauts sommets. Et, à l'heure triste où le soleil d'hiver étend démesurément nos ombres, dans un grand cirque de sable et de pierre où nous sommes, ces montagnes devant nous étalent un merveilleux luxe de couleurs, des violets d'iris pour les bases, des roses de pivoine pour les cimes, le tout profilé sur la limpidité d'un ciel vert.

De plus en plus allongées, les ombres des choses, celles des moindres dunes, celles des moindres pierres; et les nôtres, qui cheminent près de nous sur le sable, sont presque infinies; nous semblons montés sur des chameaux qui auraient des échasses, sur des bêtes apocalyptiques aux longues pattes d'ibis.

Cependant la nuit tombe et nous n'apercevons pas notre camp. Comme l'étape est interminable aujourd'hui!

***

La nuit est tombée à présent, bien que les montagnes là-bas restent lumineuses, rougeâtres, comme recélant du feu, encore incandescentes. Et nous sommes, nous, dans le noir de petites vallées sinistres, dénuées de toute vie, où nos chameaux, qui n'y voient plus, se plaignent ne sachant trop où poser leurs larges pieds hésitants. Où donc sont-elles, nos tentes, ce soir? Notre guide semble ne plus se reconnaître, et une inquiétude vague nous prend, dans cet isolement sans bornes.

Enfin, enfin, au tournant d'une colline, des feux, des flammes jaunes, dansent devant nous! C'est là, nous arrivons, nos Bédouins viennent à notre rencontre avec des lanternes. Ils ont monté notre camp cette fois dans un lieu choisi, adossé à une muraille de roches qui donnent l'illusion d'une protection contre les surprises nocturnes, et on éprouve une plus réelle impression de chez soi en entrant dans les maisons de toile où les flambeaux sont allumés; avec leurs arabesques brodées, leurs tapis d'Orient par terre, elles font, à nos yeux déjà habitués aux tons neutres du néant, des effets de petits palais nomades.

Cependant le même vent froid qu'hier s'est levé, le même qui, parait-il, se lèvera chaque soir, et qui est comme la respiration du désert. Il commence à agiter les toiles de nos frêles demeures errantes, au milieu de la désolation et de la nuit qui sont partout alentour.

Et des hommes sont sortis de ces rochers, qui d'abord semblaient protecteurs; ils sont là, quelques inconnus, visages noirs et dents blanches, qui rôdent dans l'obscurité autour de nos feux.

IV

Dimanche, 25 février.

Au lever du soleil splendide, notre camp s'éveille, s'ébranle, se replie pour le départ. Au-dessus des rochers qui tendaient derrière nous leur muraille, se tient la lune blanche qui, de son œil éteint dans le ciel bleu, nous regarde partir.

D'abord, jusqu'au brûlant midi, les solitudes sont semées de cailloux noirs, comme saupoudrées de charbon, et ces cailloux luisent, brillent sous l'ardent soleil, donnant une illusion d'humidité aux altérés qui passent. Elles défilent pendant des heures, les solitudes noires, pleines de miroitements; par places, des salpêtres, des affleurements de sels y font des marbrures grises. Rien ne chante, rien ne vole, rien ne bouge. Mais le silence immense est martelé en sourdine par le piétinement incessant et monotone de nos chameaux lents...

Vers midi, passe une région moins morte. Au bord de quelque chose qui doit être le lit desséché d'un torrent, croissent des tamarins incolores, de pâles genêts à petites fleurs blanches, — et même deux hauts palmiers. Une hirondelle grise nous croise d'un vol effaré, des mouches reparaissent autour des yeux pleurants de nos chameaux. Tout un essai de vie. Et deux grands oiseaux noirs, les maîtres de ce lieu, déploient leurs ailes, poussent leur cri dans ce silence.

Nos Bédouins d'escorte, voyant les palmiers, flairent qu'il y a de l'eau sous leur ombre mince et y conduisent nos bêtes. En effet, dans un creux de sable, un peu d'eau s'est amassée, et les chameaux, en grondant de joie, s'en approchent, essayent d'y plonger, à deux ou trois ensemble, leurs museaux, emmêlant leurs longs cous tendus.

Puis, le désert recommence, plus sec et plus stérile. Nous nous éloignons toujours de la mer Rouge, depuis hier disparue, nous enfonçant dans les contrées montagneuses de l'intérieur. Combien de vallées lugubres, de grands cirques désolés, traverserons-nous encore, avant le repos du soir ! Nos chameaux vont toujours, toujours au même rythme balancé qui endort, suivant presque d'eux-mêmes les imperceptibles sentes du désert, qu'ont suivies et tracées, depuis des âges sans nombre, les bêtes pareilles dont ils descendent, dans cette même direction, la seule un peu fréquentée de l'Arabie sinaïtique.

Vers le soir, passent trois femmes impénétrablement voilées, sur de jeunes chamelles le museau au vent. Un moment plus tard, un garçon, tout de bronze, qui paraît inquiet de leur fuite, suit la même direction qu'elles, dans la solitude où nos yeux les ont perdues. Son chameau, orné de broderies en coquillages, a des franges et des glands de laine noire, qui flottent au vent de sa course.

Autour de nous, à mesure que s'en va la journée, les montagnes s'élèvent et les vallées se creusent. Les montagnes sont de sable, d'argile et de pierres blanches : amas de matières vierges, entassées là au hasard des formations géologiques, jamais dérangées par les hommes, et lentement ravinées par les pluies, lentement effritées par les soleils, depuis les commencements du monde. Elles affectent les formes les plus étranges, et on dirait qu'une main a pris soin de les trier, de les grouper, par aspects à peu près semblables : pendant une lieue, ce sont des suites de cônes superposés, étagés comme avec une intention de symétrie; puis, les pointes s'aplanissent, et cela devient des séries de tables cyclopéennes ; ensuite viennent des dômes et des coupoles, comme des débris de cités fossiles. Et on reste confondu devant la recherche et l'inutilité de ces formes des choses, — tandis que tout cela défile dans le même silence de mort, sous la même implacable lumière, avec toujours ces parcelles brillantes de mica, dont le désert est pailleté ici comme un manteau de parade.

De temps à autre, un des chameliers chante, et sa voix nous tire d'une somnolence ou d'un rêve. Son chant est plutôt une suite de cris d'appel, infiniment tristes, où le nom terrible d'Allah sans cesse revient : — il éveille, dans les parois des vallées, de clairs échos, des sonorités presque effrayantes, qui dormaient.

Le soir, à l'heure où la magie du couchant descend pour nous seuls sur le désert, nous campons dans un grand cirque mélancolique et encore sans nom, tout d'argile grisâtre, entouré d'une muraille de rochers géants. Le lieu est sans eau ; mais, pour deux ou trois journées encore, nous avons de l'eau du Nil et le cheik, notre guide, promet de nous faire camper demain soir près d'une source.

Sitôt les tentes montées, nos chameaux, débarrassés de leurs charges lourdes, se répandent autour du camp, à la recherche des rares genêts; nos Arabes, à la recherche des brindilles sèches pour faire du feu — semblables alors à des sorcières en longues robes qui ramasseraient des herbes, à l'approche du soir, pour des maléfices. Et pendant une nuit, notre petite ville nomade apporte l'illusion de la vie dans ce lieu perdu où elle ne reviendra jamais plus et où retombera demain le silence de la mort.

Il est d'une désolation de plus en plus grandiose, ce lieu, à mesure que le soleil s'abaisse et s'éteint. Cirque immense, entouré comme d'éboulements de villes, de chaotiques choses, renversées, exfoliées, creusées en fissures ou en cavernes. Et cela — comme nos chameaux, comme nos Bédouins, comme le sol et comme tout — est de ces nuances de cendre ou de brun ardent qui forment le fond éternel, le fond neutre et pourtant si intensément chaud, sur lequel le désert jette et déploie toutes ses fantasmagories de lumières.

Voici l'heure du couchant, l'heure magique; sur les cimes lointaines, apparaissent, pour de furtives minutes, les violets incandescents et les rouges de braise; tout semble recéler du feu...

Et maintenant le soleil est couché; mais, bien que tout s'assombrisse, du feu latent, du feu qui tarde à s'éteindre, couve encore longuement sous ces bruns et ces gris de cendre qui sont les vraies couleurs des choses... Puis, un frisson passe, et subitement le froid tombe, l'inévitable froid du soir au désert.

Quand la nuit est venue, quand les étoiles sont allumées dans l'immense ciel, et que nos Bédouins, comme de coutume, se sont assis en rond autour de leurs feux de branches — silhouettes noires sur des flammèches jaunes — douze d'entre eux se détachent, viennent se ranger, devant nos tentes, en cercle autour de l'un qui joue de la musette, et commencent de chanter un chœur. Suivant la cadence lente que le joueur de musette leur marque, ils balancent la tête en chantant. L'air est vieux et lugubre, tel sans doute qu'on en entendait au désert quand passa Moïse. Plus triste que le silence, cette musique bédouine qui s'élève, inopinément gémissante, et qui paraît se perdre dans l'air déshabitué de bruit, avide de son comme ces sables d'ici seraient avides de rosée...

V

Lundi, 26 février.

Chaque matin, s'éveiller en un point différent du vaste désert. Sortir de sa tente et se trouver dans la splendeur du matin vierge; détendre ses bras, s'étirer demi-nu dans l'air froid et pur; sur le sable, enrouler son turban et se draper de ses voiles de laine blanche; se griser de lumière et d'espace; connaître, au réveil, l'insouciante ivresse de seulement respirer, de seulement vivre...

Et puis partir, très haut monté sur le dromadaire éternellement marcheur, qui va l'amble égal jusqu'au soir. Cheminer en rêvant, cheminer, cheminer toujours, ayant devant soi la tête poilue ornée de coquillages et le long cou de la bête, qui fend l'air avec des oscillations de proue de navire. Voir les solitudes passer après les solitudes; tendre l'oreille au silence, et ne rien entendre, ni un chant d'oiseau, ni un bourdonnement de mouche, parce qu'il n'y a rien de vivant nulle part...

Après l'aube froide, tout de suite le soleil monte et brûle. Les quatre heures de route du matin, marchant vers le Levant, avec la lumière en face, sont les plus éblouissantes du jour. Ensuite, en un lieu quelconque choisi par notre fantaisie, sous une tente légère et vite dressée, c'est la halte de midi, pendant laquelle la caravane plus nombreuse, plus lente, de nos Bédouins et de nos chameaux porteurs nous rejoint, passe avec des cris de fête sauvage, et disparaît dans l'inconnu d'en avant. Puis, après les quatre heures encore d'étape du soir, c'est enfin la bonne arrivée dans le lieu toujours imprévu du repos de nuit, c'est la joie simplement physique de retrouver sa tente, devant laquelle le dromadaire docile vous dépose en s'agenouillant.

Ce matin, nous commençons la journée dans des vallées chaudes, entre d'étouffantes montagnes. Le soleil est morne, morne ; c'est comme un grand éblouissement triste qui tomberait du ciel. Sur le sable qui miroite, les yeux fatigués suivent les ombres des chameaux cheminants, et comme toujours, quand on les relève vers les montagnes lointaines, elles semblent noires par contraste avec l'éclat de ces sables proches.

Vers l'après-midi, nous sommes très haut, dans ces solitudes intérieures de la presqu'île Sinaïtique ; alors, des espaces nouveaux se découvrent de tous côtés, et l'impression de désert devient plus angoissante, à cause de cette affirmation visible de son immensité.

Et c'est une magnificence presque effroyable... Dans des lointains si limpides, qu'on les dirait beaucoup plus profonds que les habituels lointains terrestres, des chaînes de montagnes s'enlacent et se superposent, avec des formes régulières, qui, depuis le commencement du monde, sont vierges de tout arrangement humain, avec des contours secs et durs qu'aucune végétation n'a jamais atténués. Elles sont, aux premiers plans, d'un brun presque rouge ; puis, dans leur fuite vers l'horizon, elles passent par d'admirables violets, qui bleuissent de plus en plus, jusqu'à l'indigo pur des lointains extrêmes. Et tout cela est vide, silencieux et mort. C'est la splendeur des régions invariables, d'où sont absents ces leurres éphémères, les forêts, les verdures ou les herbages ; c'est la splendeur de la matière presque éternelle, affranchie de tout l'instable de la vie ; la splendeur géologique d'avant les créations...

Le soir, d'une hauteur plus éloignée, nous découvrons une plaine sans bornes visibles, toute de sable et de pierre, tachetée de chétifs genêts roux. Elle est inondée de lumière, brûlée de rayons, et notre camp déjà dressé là-bas, nos infiniment petites tentes blanches, figurent des habitations de pygmées au milieu de ce resplendissant désert.

Oh ! le coucher de soleil, cette fois-là ! Jamais nous n'avions vu tant d'or répandu pour nous seuls autour de notre camp solitaire. Nos chameaux, qui font leur promenade errante du soir, étrangement agrandis comme toujours sur l'horizon vide, ont de l'or sur leurs têtes, sur leurs pattes, sur leurs longs cous ; ils sont tout liserés d'or. Et la plaine est d'or entièrement, les genêts sont des broussailles d'or...

Puis vient la nuit, la limpide nuit avec son silence...

Et c'est, à ce moment, une impression d'effroi presque religieux que de s'éloigner du camp et de le perdre de vue ; de se séparer même de cette petite poignée de vivants égarés au milieu d'espaces morts, pour être plus absolument seul, dans du néant nocturne. Moins lointaines, moins inaccessibles qu'ailleurs, les étoiles brillent au fond des abîmes cosmiques, et, dans ce désert, immuable et sans âge, d'où on les regarde, on se sent plus près de concevoir leur inconcevable infini ; on a presque l'illusion de participer soi-même aux impassibilités et aux durées sidérales...

VI

> Étant donc partis de Rephidim, ils vinrent au désert de Sinaï et campèrent au désert.
>
> (*Exode*, XIX, 2.)

Mardi, 27 février.

C'est le cinquième jour sans eau. Mais notre provision d'eau du Nil nous suffit encore.

Marché tout le matin dans cette même plaine d'hier, où les genêts ont fait place à de plus rares touffes de plantes, d'un vert blanchâtre, à moitié ensablées, sortes de boules d'épines qui blesseraient les pieds comme des hérissons de fer.

Nous commençons à rencontrer de grandes pierres noires, qui se tiennent debout sur le sable, plantées comme des hommes ou comme des menhirs. D'abord isolées, elles deviennent toujours plus nombreuses — et aussi toujours plus hautes ; puis, peu à peu, à mesure que nous cheminons, doucement balancés, elles prennent des dimensions de donjons, de tours, de forteresses ; elles finissent par se rejoindre toutes, formant des couloirs, simulant les rues de quelque cyclopéenne ville détruite — et nous enserrent entre des parois sombres.

La halte méridienne est dans une de ces vallées sinistres...

Tandis que nous dormions là, sur nos tapis étendus, de sauvages clameurs de voix tout à coup se répercutent dans les pierres sonores. Ce sont nos gardes, nos chameliers, nos chameaux qui s'annoncent et qui vont passer; c'est toute la plus lente caravane qui, chaque jour, nous suit le matin et prend de l'avance pendant notre repos de midi, pour nous précéder à l'étape du soir. Bêtes et gens ont l'habitude, au passage, de nous saluer par des cris, et aujourd'hui leurs voix s'exagèrent, éveillent des échos surprenants dans ces roches desséchées qui vibrent comme des bois morts.

Jusqu'à l'heure du Moghreb, nous continuons de cheminer dans d'étroites vallées sinueuses; mais leurs parois changent de nature et de couleur; elles deviennent en granit rose, veinées de larges bandes de granit bleu ou de granit vert.

La région est moins désolée aussi, car voici des arbres, les premiers sur notre chemin depuis cinq jours. Oh ! de bien misérables petits arbres, espèces de mimosas épineux, comme ceux du Sahara, du Sénégal et d'Obock ; à ce printemps hâtif, ils sont fraîchement reverdis d'imperceptibles feuilles pâles. Et par terre, il y a quelques fleurettes blanches, très fines, parmi les granits émiettés.

A un carrefour de ces vallées, rencontré deux adorables bébés bédouins, le frère et la sœur, qui nous regardent venir avec un effarement dans leurs yeux de sombre velours. Ils nous disent qu'il y a des campements par là, dans la montagne ; en effet, nous entendons dans le lointain l'aboiement des chiens de garde signaler notre présence. Et bientôt après, nous apercevons des troupeaux de chèvres, que gardent des Bédouines vêtues et voilées de noir.

Le vieux cheik de nos chameliers vient ensuite me demander la permission de nous quitter jusqu'à demain, pour aller dans cette tribu où il a des fils.

Nous passons dans les parages de la « Montagne de la Myrrhe » et maintenant tout le désert embaume; de maigres petites plantes clairsemées, qui, de temps à autre, s'écrasent sous les pieds de nos dromadaires, répandent des aromes exquis et inconnus.

Le sol de ces interminables défilés s'élève de plus en plus, par degrés à peine sensibles, vers le plateau central, et continuera de s'élever ainsi pendant deux journées encore, pour nous mener doucement jusqu'à l'altitude de deux mille mètres où nous rencontrerons le couvent du Sinaï.

Les tourmentes géologiques n'ont pas encore pris fin dans la région où nous sommes; tout récemment, des montagnes ont dû crouler, s'émietter sur le sol avec des bruits de fin de monde, car de gigantesques ruines, aux brisures toutes fraîches, attestent partout des cataclysmes d'hier. Et nous suivons notre pente ascendante sur des éboulements de granit bleu ou de granit rose, entre des mornes faits des mêmes pierres, le plus souvent lézardés jusqu'à la base, qui semblent prêts à des effondrements prochains.

Pour la nuit, nous campons entre de farouches et effroyables remparts de granit rouge, dans une vallée déjà haute où l'air devient glacé.

VII

> Et le troisième jour au matin, il y eut des tonnerres et des éclairs, et une grosse nuée sur la montagne, avec un très fort son du cor dont tout le peuple dans le camp fut effrayé. (*Exode*, XIX, 16.)

Mercredi, 28 février.

Au milieu de la nuit, le fracas du tonnerre nous éveille, immense et terrible ici, dans cette vallée sonore, pleine d'échos. Un vent d'orage secoue nos frêles maisons de toile, menaçant de nous les enlever; nos chameaux gémissent alentour, sous une ondée torrentielle et soudaine...

Le vent, plus encore que la pluie, est l'ennemi des nomades. Il faut se lever, faire enfoncer à coups de pierre tous les pieux de nos tentes, qui se gonflent comme des voiles, s'arrachent et se déchirent, — et puis, attendre, se tenir prêt à n'avoir plus d'abri contre le froid déluge : détresses impuissantes d'infiniment petits, au milieu d'un déchaînement de forces souveraines...

Au dehors, dans la vallée sinistre, qui s'éclaire de

grandes lueurs incessantes, règne une épouvante d'apocalypse; elle est comme secouée jusqu'en ses fondements, avec des bruits crépitants ou sourds; on dirait qu'elle tremble, qu'elle s'ouvre, qu'elle s'écroule...

Et puis les coups s'espacent et s'éloignent; cela devient quelque chose de profond et de caverneux, comme si on entendait, au fond d'abîmes lointains, rouler des mondes...

Et enfin cela s'apaise et se tait...

Peu à peu reviennent à nous le silence, la sécurité et le sommeil.

Au frais matin tranquille, au soleil levant, quand j'ouvre ma tente, une bouffée de parfum m'arrive avec l'air du dehors, si violente qu'il semble qu'on soit venu briser devant ma porte un vase d'aromates. Et toute cette triste vallée de granit est embaumée ainsi, comme un temple d'Orient. Ses rares petites plantes pâles, qui étaient exténuées de sécheresse, ont repris vie sous les ondées de la nuit et répandent à présent leurs senteurs comme des cassolettes innombrables; on croirait que l'air est rempli de benjoin, de citronnelle, de géranium et de myrrhe...

D'abord je regarde la vallée déserte, si étrange et

superbe, au soleil matinal qui fait flamboyer ses pics de granit rouge, sur un fond de nuages noirs, déchirés, rapides, en fuite vers le Nord. La tourmente dure encore là-haut, tandis qu'en bas l'air se repose, immobile.

Et après, je regarde la terre, d'où montent tous ces parfums : elle est recouverte de graines blanches, comme de grêlons après une averse...

VIII

Et cette couche de rosée s'étant évanouie, voici, sur la superficie du désert, quelque chose de menu et de rond comme du grésil sur la terre.

(*Exode*, XVI, 14.)

Cela ressemble à la manne, ce que le vent et la pluie de cette nuit ont apporté et presque amoncelé devant nos tentes... Je ramasse ces choses « menues et rondes », graines blanches, très dures, ayant un peu goût de froment, — fruits desséchés de ces courtes plantes épineuses qui, en certaines régions, tapissent ici les montagnes.

En recueillant cette manne, j'ai frôlé les aromates du sol, et mes mains en gardent pour longtemps une senteur exquise.

IX

Marché tout le matin dans d'interminables vallées semblables, aux parois de granit rouge, montant par des pentes insensibles vers le grand Sinaï où nous serons demain. Elles s'élargissent, les vallées, et les montagnes s'élèvent; tout devient de plus en plus grandiose parmi des nuées changeantes et sombres; là-bas, devant nous, par de gigantesques baies de pierre qui s'ouvrent, nous commençons à apercevoir de plus hautes cimes encore, avec de blanches neiges, éclatantes sur l'obscurité des fonds et du ciel. Et un vent glacé se lève, venant d'en face, des contreforts du Sinaï; il nous inonde de pluie fouettante, de neige fondue, de grésil; nos chameaux crient et tremblent de froid; nos légers vêtements de laine blanche, nos minces souliers d'Arabe, tout est vite traversé par l'eau ruisselante — et nous voici tremblants nous-mêmes, les dents serrées, les mains douloureuses et inertes, transis mortellement.

Pendant une accalmie, nous plantons la tente de midi dans un recoin abrité, sorte de fondrière de granit, fermée et sinistre sous les ténèbres du ciel ; nos Bédouins allument un feu de menues branches aromatiques, qui donnent une grande flamme et une grande fumée, et nous nous asseyons autour, pêle-mêle parmi eux, confondus tous dans un même besoin de nous réchauffer, de ne plus souffrir. Avec leurs membres nus et noirs, leurs haillons de pelleterie, leurs têtes sauvages, leurs accroupissements de singes, ils ont l'air de préhistoriques autour d'une flambée primitive.

Quand nous nous levons pour repartir, de gros scorpions verts, qui avaient voulu se chauffer aussi, sont là près de nous, sur le tapis multicolore où nous étions assis. Nos Bédouins les jettent dans les cendres ardentes de notre feu, où ils se tordent et se consument.

***

Pendant l'après-midi, nous voyons changer autour de nous la teinte et la nature des pierres ; les granits deviennent plus friables et plus incolores. Sous l'oppression froide et la demi-nuit d'un ciel d'hiver, nous cheminons dans des séries de vallées au sol de sable uni, enserrées par des bordures et coupées par des îlots de roches d'une couleur neutre de chameau. Plus rien de ces angles vifs, de ces pointes aiguës, de ces récentes brisures que nous avions coutume de voir autour de nous depuis deux jours; au contraire, des entassements de blocs polis, aux aspects mous, ayant des rondeurs et d'étranges contournements de têtes; on dirait des superpositions de monstres, de pachydermes, de salamandres, de larves, ou bien des agglomérats de membres embryonnaires, des trompes, des bras, emmêlés et soudés ensemble. Aux carrefours lugubres de ces défilés, de vagues têtes d'éléphants ou de sphinx, posées comme en vedette sur ces amas de formes, ont l'air de contempler et de *maintenir* les désolations d'alentour. Il a fallu des millénaires de tranquillité, sous le soleil et sous les pluies, pour sculpter et polir ces collections d'inquiétantes choses. Et toujours le silence, et toujours personne. Rencontré quelques petits oiseaux, de la même couleur neutre que les pierres, et quelques lézards squameux comme des crocodiles. Le ciel demeure funèbre et bas, accentuant ces immenses tristesses et, de temps à autre, des grains de neige ou de grêle tombent encore sur nous.

***

Par mille mètres d'altitude environ, nous campons, au crépuscule d'hiver, entre des roches de cauchemar. C'est à l'ouverture d'une vallée large, sorte de plaine, murée de partout comme avec des amas de monstres morts.

Parmi ces grandes bêtes fossiles dont nous sommes entourés, nos Bédouins se cherchent des abris et allument des feux, sous des pattes, sous des têtes, sous des ventres, qui ont des polis presque luisants. Le ciel, d'une opacité de plomb, se mêle aux choses de la terre dans une confusion obscure. Cependant un reste de jour livide traine encore, permettant de prendre conscience des lointains de cette plaine fermée, juste assez pour percevoir ce qu'ils ont de sinistre.

Et toujours la neige tombe, tombe sur notre campement perdu.

Alors, on sent bien ne pas être tout à fait des *hommes de la tente*, malgré le charme de la vie nomade par les belles journées de soleil; l'*homme des maisons de pierre*, qui s'est formé au fond de nous-mêmes par des atavismes si longs, s'angoisse vaguement de n'avoir pas de toit, pas de murs, et de savoir qu'il n'y en a nulle part alentour, dans ce désert assombri dont l'étendue fait peur...

X

> Or le mont Sinaï était tout couvert de fumée, parce que l'Éternel y était descendu en feu; et sa fumée montait comme la fumée d'une fournaise, et toute la montagne tremblait fort.
>
> (*Exode*, XIX, 18.)

Jeudi 1er mars.

Au matin, quand nous levons le camp, le ciel est moins bas et la neige ne tombe plus; mais de gros nuages se tiennent immobiles contre des granits géants qui sont partout, qui se dressent, de tous les côtés à la fois, au-dessus des amas de bêtes pétrifiées, et dont nous n'avions pas soupçonné la présence dans les obscurités nébuleuses d'hier.

Nous reprenons notre route ascendante par des gorges d'un aspect effroyable, sortes de couloirs sablés, entre des murailles toujours plus hautes, plus hautes et plus sombres. Nous sortons de la région des formes animales grises, pour rentrer dans les granits bruns aux farouches attitudes droites. Le froid augmente et l'air se fait plus étrangement sonore. A midi, pendant l'heure du repos, quand nos Bédouins passent, caravane transie au milieu de cette ombre glacée, leur clameur se répercute et se prolonge comme la fugue des grandes orgues dans des cathédrales infinies. Il y a des lointains fermés et noirs, au fond desquels la blancheur morte des neiges éclate çà et là, parmi des nuées mystérieuses qui stationnent.

D'heure en heure tout devient plus gigantesque. Et sur le soir enfin, parmi des cimes granitiques enténébrées de nuages, les hauts remparts et les quelques cyprès du couvent du Sinaï nous apparaissent, au travers des flocons blancs dont l'air est rayé. Hélas ! comme elle est silencieuse, sinistre et froide, cette apparition de la montagne très sainte, dont le nom seul, à distance, flamboyait encore pour nous. Les temps sont trop lointains sans doute, trop révolus à jamais, où l'Éternel y descendit dans des nuées de feu, au son terrible des cors ; fini, tout cela, elle est vide à présent, comme le ciel et comme nos modernes âmes ; elle ne renferme plus que de vains simulacres glacés, auxquels les fils des hommes auront bientôt cessé de croire...

Nos tentes sont là, déjà montées, parmi des éboulements de vieilles murailles, dans une gorge où le vent s'engouffre, et le suaire blanc qui couvre la terre est jonché de nos bagages ; notre pauvre cam pement a un air de désarroi lamentable, sous ces rafales qui le secouent pour l'emporter et sous cette neige qui maintenant tombe en tourmente. Tremblant de froid, dans nos burnous mouillés, nous descendons de nos grandes bêtes, qui souffrent et qui se plaignent, inquiètes de cette obscurité blanche, de ce vent cinglant, de ces trop hautes montagnes...

Vraiment la situation semble impossible à tenir ici pendant la nuit qui s'annonce, et, par un messager, j'envoie au Supérieur du couvent une lettre de recommandation spéciale que le patriarche du Caire a bien voulu me donner pour lui. Je lui fais savoir en même temps notre détresse, lui demandant de nous laisser camper plus près, quelque part à l'abri des rafales, tout contre ses murs.

La réponse nous est bientôt apportée par un jeune Père en robe noire, qui parle un peu le français : « Il n'y a pas, dit-il, de lieu de campement plus rapproché ; dans la gorge où le couvent est bâti, on ne trouverait pas la largeur d'une tente entre les roches et les remparts. Mais, si nous voulons, nous pouvons coucher au couvent même et y résider tant que bon nous semblera. »

Nous acceptons l'offre, retenant le moine, pour lui faire partager notre repas du soir, avant de nous rendre là-haut avec lui. Et nous nous mettons à table ensemble, au vent glacial, tandis que nos Bédouins font constamment tomber la neige qui s'amoncelle en poids dangereux sur nos tentes.

Mais voici que nous arrive, avec effarement, le frère portier, tenant un grand fanal et des clefs énormes : « Jamais, dit-il en grec, jamais au grand jamais la porte du couvent n'est restée si tard ouverte! Par faveur toute spéciale on nous a attendus jusqu'à cette heure; cependant il faut venir tout de suite, sous peine d'être abandonnés pour la nuit dans la tourmente du dehors. »

Donc, laissant tout, nous nous hâtons de partir, en cortège, aux lanternes. Il faut retenir à deux mains nos burnous envolés, et tout en enfonçant jusqu'aux chevilles dans les épaisseurs blanches, grimper, grimper, dans la nuit trouble, entre des blocs et des éboulements de granit.

Un quart d'heure, vingt minutes d'ascension, pieds nus, nos babouches perdues, glissant à chaque pas sur la neige.

Enfin un mur est devant nous, qui semble gigantesque, mais dont le sommet se perd dans l'obscurité, et une petite porte s'ouvre là dedans, toute basse, entièrement bardée de fer, et millénaire pour le moins. — Nous passons. — Deux autres petites portes semblables viennent après, coupant un chemin voûté qui tourne dans l'épaisseur d'un rempart. Elles se referment après notre passage, avec un bruit de heurt d'armures. — Nous sommes entrés.

Et tout cela, nos costumes aidant, est du plein moyen âge : quelque arrivée nocturne de Sarrasins, dans un château de jadis...

Grimpons encore, sur des granits vaguement taillés en forme de marches, grimpons par une série d'escaliers croulants, dans l'intérieur de cette forteresse où se superposent et se confondent, aux lueurs de nos lanternes, de bizarres assemblages de maisonnettes arabes. C'est tout en haut que nous devons habiter, dans une sorte d'hôtellerie pour les pèlerins, dont les chambres pauvres et primitives donnent toutes sur un même long balcon aux balustrades déjetées.

Des moines hospitaliers, en robe noire et en longs cheveux de femme, s'empressent de nous réconforter avec un peu de café chaud, avec un peu de braise allumée pour nous dans des vases de cuivre. Tout a un air de misère insouciante et de délabrement oriental, dans ce couvent âgé d'une quinzaine de siècles. Nos chambres, pareilles, sont comme dans les maisons turques les plus humbles: murs à la chaux blanche, plafonds et fenêtres en bois non peint que le temps a noirci, divans larges recouverts de vieilles indiennes aux fleurs fanées. Et chacun de nous a chez soi, sur sa muraille nue, une modeste icone encadrée de bois blanc devant laquelle une veilleuse brûle.

Sur nos divans très durs, qui ont dû servir à coucher des quantités de pèlerins, on étend des draps, des couvre-pieds raides comme du carton, et nous nous couchons là, ravis du logis, écoutant le vent et la neige en tourmente dehors, songeant à nos tentes restées en bas, à nos pauvres Bédouins, à nos pauvres chameaux qu'il a été impossible de faire entrer et qui gisent sans abri, sous un suaire de neige.

Tandis que vient le sommeil, je regarde autour de ma tête les inscriptions dont la chaux du mur est criblée : noms de pèlerins qui sont venus ici de tous les coins du monde, des noms russes, des noms grecs, des noms arabes, — et un seul nom français : « Prince de Beauvau, 1866. »

Peu à peu, le vent s'apaise, — et un silence profond s'épand avec la nuit sur la *demeure de la solitude*...

XI

La petite veilleuse, qui tremblotait devant l'icone, finit par s'éteindre, — au moment où m'éveillent des cloches sonnant matines, en vibrations d'argent dans un absolu silence.

Puis, je reperds conscience de tout, jusqu'à l'heure où je vois filtrer, au travers du bois de ma fenêtre, un jet de clair soleil.

Ouvrir sa porte est un instant de surprise, d'émerveillement presque, tant le lieu est étrange... Les fantastiques choses, entrevues hier à notre arrivée nocturne, sont là, par ce froid matin, debout et bien réelles, étonnamment nettes sous une implacable lumière blanche, échafaudées invraisemblablement, comme plaquées les unes sur les autres sans perspective, tant l'atmosphère est pure, — et silencieuses, silencieuses comme si elles étaient mortes de leur vieillesse millénaire. Une église byzantine, une mosquée, des maisonnettes, des cloîtres ; un enchevêtrement d'escaliers, de galeries, d'arceaux, descendant aux précipices d'en dessous ; tout cela en miniature, superposé dans un rien d'espace ; tout cela entouré de formidables remparts de trente pieds de haut, et accroché aux flancs du Sinaï gigantesque. La longue véranda sur laquelle nos cellules s'ouvrent fait partie elle-même de cet ensemble de constructions sans âge, déjetées, contournées, caduques ; les unes presque en ruine, ayant repris la teinte rouge du granit originel ; les autres toutes blanches de chaux avec un peinturlurage oriental sur leurs bois vermoulus. On a conscience, rien qu'en respirant l'air trop vif, d'être à une altitude excessive, et cependant on est surplombé de partout, comme au fond d'un puits ; toutes les extrêmes pointes du Sinaï se dressent en l'air, escaladent le ciel, sortes de titanesques murailles, découpées et striées, tout en granit rouge, — mais d'un rouge de sanguine, sans une tache et sans une ombre, — trop verticales et montant trop haut, donnant presque du vertige et de la terreur.

Le peu qu'on voit du ciel est d'une profonde limpidité bleue et le soleil éclaire magnifiquement.

De la neige étincelante saupoudre encore toutes ces choses; elle couronne d'un velours blanc le dessus de tous les vieux murs; elle indique çà et là d'une raie blanche les stries de tous les granits formidables — que l'on suit, en levant beaucoup la tête, dans leur montée vers le zénith éblouissant.

Et toujours le même silence inouï enveloppe ce fantôme de monastère, dont l'antiquité s'accentue encore sous ce soleil et sous cette neige. On sent que c'est vraiment bien là cette « demeure de la solitude » entourée partout de déserts.

Sur notre véranda paisible et ensoleillée, nous nous promenons vêtus comme Aladin, ayant fait apporter du camp, par déférence pour les moines, nos plus belles robes de soie d'Asie. Nous nous disons même que nos costumes, dont les couleurs s'avivent les unes par les autres, doivent faire bien sur le fond des vieilles chaux blanches et des rouges granits. Mais personne n'est là pour nous voir...

De temps à autre, un moine à cheveux blancs et à vêtements noirs, d'une allure cassée, monte ou descend par l'un des petits escaliers de ce labyrinthe, puis s'enfonce sous quelque voûte, et disparaît sans bruit dans quelque cellule. Et aussitôt, la paix de la mort retombe...

Cependant l'aimable Père Daniel, celui qui a partagé hier au soir notre dîner sous la tente, arrive enfin et nous propose de descendre avec lui à l'église, située en contre-bas de nos logis de pèlerins. Et nous le suivons, dans la série des petits couloirs, escaliers, passages voûtés où s'égouttent des neiges qui fondent. Tout est contourné, déformé et fruste. Il y a de vieilles portes de style arabe ou de style cophte, les unes sculptées, les autres en marqueterie. Il y a des inscriptions arabes, grecques ou syriaques, dont les plus jeunes ont des siècles...

Au fond d'un creux où nous sommes descendus, voici enfin la basilique. On ouvre devant nous les deux battants d'une porte de cèdre, qui fut sculptée il y a treize cents ans, — et nous entrons dans les étonnements de ce lieu, unique au monde, que sa situation au désert a préservé des révolutions, des pillages, de toutes les retouches humaines, et qui est à peu près demeuré tel que le fit construire, en l'an 530, l'empereur Justinien.

La vue, au premier instant, est éblouie et déconcertée par la profusion des lustres, des lampes d'argent qui descendent d'en haut, formant, au-dessus des parquets de mosaïques, une sorte de seconde voûte suspendue, compliquée, étincelante.

Et puis, on est saisi de l'archaïsme presque sauvage de ce sanctuaire, plus encore que de sa richesse. C'est une relique des vieux temps, étonnamment conservée; on se sent plongé là dans un passé naïf et magnifique, — si lointain et pourtant si présent, qu'il inquiète l'esprit.

Les lourdes colonnes ont des chapiteaux irréguliers et semi-barbares. Les murs sont couverts de peintures et de dorures byzantines, de mosaïques de marbre, de vieilles broderies éteintes et de vieux brocarts mourants. Tout le fond de l'église est d'un byzantin presque arabe, surchargé naïvement, et le voile qui, suivant le rite grec, masque le tabernacle, est fait d'une de ces merveilleuses étoffes persanes lamées dont s'habillaient les sultans d'autrefois.

Par une petite porte latérale toute basse, nous pénétrons, derrière ce voile fermé, dans le lieu plus surprenant encore où le tabernacle se tient. Ici, la voûte est de mosaïque d'or, comme à Sainte-Sophie, mais intacte, relique sans prix, qu'a préservée le désert d'alentour. Le tabernacle, les chaises pour les évêques, sont en fines marqueteries de marbre; les étoffes, de style à peu près inconnu, ont d'inimitables broderies fanées. Il y a deux châsses, jadis offertes par la Russie pour sainte Catherine, qui sont entièrement en argent repoussé et gravé; sur chacune d'elles, la sainte, en vêtements d'or rehaussés de turquoises, de rubis et d'émeraudes, est couchée, la tête sur un oreiller d'argent dont les ciselures patientes et merveilleuses imitent la trame des vieux lampas. — On comprend qu'il faille de puissantes murailles pour protéger de tels trésors. — A profusion, sont accrochées, aux parois de marbre, les icones d'argent, d'or et de pierres précieuses. Et, sur des pupitres, sont posés des évangiles, manuscrits sur parchemin qui ont mille ou douze cents ans, reliés de pierreries et d'or....

XII

> Et Dieu dit : N'approche point d'ici ; déchausse tes souliers de tes pieds, car le lieu où tu es arrêté est une terre sainte.
>
> (*Exode*, III, 5.)

Derrière le tabernacle est le lieu sacré par excellence, la crypte du « Buisson ardent », où l'un des moines nous conduit par des petites portes encore plus basses, au milieu d'une pénombre de caverne. Dans une sorte de vestibule où les vieux tapis d'Orient ont des épaisseurs de velours, il nous arrête, avant de nous laisser entrer, pour nous faire quitter nos babouches : par obéissance au commandement de l'*Exode*, on ne pénètre que pieds nus dans ce sanctuaire profond. Et enfin, le seuil franchi, nous nous trouvons en plein VIe siècle, dans les naïves merveilles des vieux temps morts.

Le lieu est sombre, entièrement revêtu de faïences antiques d'un bleu vert ou de mosaïques d'or, lesquelles disparaissent sous les icones d'or et de pierreries accrochées au mur, sous la profusion des lampes d'argent et d'or qui descendent du plafond bas. Des Saintes rigides, en robes de vermeil, dont le visage reste dans un effacement sombre sous leurs barbares couronnes étincelantes, nous regardent entrer. Nous avions prévu leurs regards, sans doute, et c'était pour elles nos recherches de costume oriental; vraiment nous nous serions sentis profanateurs envers les artistes enfantins et splendides d'autrefois, peintres, émailleurs ou orfèvres, si nous étions venus ici dans les vêtements de notre siècle mesquin et impie. Jamais, nulle part, nous n'avions eu si complète encore l'impression d'un recul dans l'antérieur des âges. Les générations, les peuples et les empires ont coulé comme des fleuves, depuis que ces petites choses précieuses sont là, tranquilles aux mêmes places, brillant d'un éclat pareil, très lentement terni. Même ce moine qui nous accompagne, avec ses longs cheveux roux couvrant ses épaules, et sa pâle beauté d'ascète, doit être en tout semblable aux illuminés des époques premières, et ses conceptions doivent s'éloigner infiniment des nôtres. Même ce vague reflet de soleil, qui arrive par l'unique petite fenêtre, amoindri dans l'épaisseur du mur, et qui dessine comme un cercle spectral sur les icones et les faïences, a l'air d'être quelque lueur des jours anciens, quelque lueur d'il y a mille ans...

Une sorte de loge, qui est pavée d'argent ciselé et où des lampes brûlent, occupe le fond de la crypte : c'est là que, d'après la tradition vénérée, l'*ange de l'Éternel* apparut à Moïse, du milieu du buisson en flamme.

XIII

Il y a d'autres chapelles encore, où l'on nous mène par les petits escaliers et les petites voûtes; étroites, obscures, mystérieuses, elles sont nichées çà et là dans des recoins du vieux dédale, parmi les cellules sordides et les gîtes de misère. Elles renferment toutes d'étonnantes choses archaïques, dont les années, les vers, la moisissure auront bientôt fait de la cendre.

Il y a des bibliothèques aussi, grandes au plus comme des cabines de navire, mais ne contenant que d'uniques et introuvables œuvres. Celle-ci, remplie de manuscrits syriaques; celle-là, de manuscrits grecs contemporains de Byzance, vieux parchemins sans prix, enluminés patiemment dans le silence des palais ou des cloîtres, livres écrits de la propre main de saint Basile ou de saint Chrysostome, évangiles calligraphiés par l'empereur Théodose... Et la poussière les ronge de siècle en siècle; et la neige des hivers, qui fond sur les toits, y dessine des taches noires, en suintant — comme aujourd'hui — à travers la pourriture des plafonds.

***

Sortis de l'humidité glacée des cloîtres et des chapelles, nous allons nous promener autour des remparts, sur les chemins de ronde, sur les hautes terrasses blanchies à la chaux où le soleil d'Arabie flambe et brûle, malgré le vent cinglant et malgré la neige voisine.

La vue plonge de là-haut sur des précipices de granit rouge, au fond desquels, dans l'ombre froide, sont attroupés une centaine de Bédouins en haillons noirâtres, affamés venus des lointains du désert: c'est que tout à l'heure va se faire la distribution de pain, qui a lieu trois fois par semaine. Jamais, jamais les moines ne laissent un Bédouin franchir les portes étroites du couvent, de peur, sans doute, qu'il n'en aperçoive les richesses. Mais deux frères d'ordre inférieur se tiennent dans l'une des guérites avancées qui surplombent les précipices — et qui jadis, au temps où les portes ne devaient jamais s'ouvrir, servaient à hisser les pèlerins dans des paniers. — Ces frères, quand l'heure des aumônes est venue, font descendre une corde, qui court dans une poulie ; les Bédouins alors se précipitent, y attachent chacun un vêtement, et on remonte aussitôt ce paquet énorme de guenilles. Puis, un des moines, prenant au hasard une loque, l'agite au-dessus de l'abîme, en demandant :

— A qui ce burnous ?

— A moi ! répond une voix d'en bas.

— Combien êtes-vous dans la famille ?

— Sept !

On enveloppe sept pains noirs dans le burnous, et de trente pieds de haut, on le rejette au dehors... Ainsi de suite, jusqu'au dernier.

Pauvres gens de l'ombre d'en dessous, aux têtes sauvages et aux yeux de convoitise, nous devons leur sembler des princes des *Mille et une nuits*, nous promenant en vêtements de soie dans le soleil d'en haut. Mais ces grands murs protecteurs ne nous séparent pas d'eux pour bien longtemps. Déjà nos tentes et nos bagages, restés dehors, nous semblent trop à leur merci, — et nous leur serons bientôt livrés nous-mêmes, quand nous recommencerons notre vie nomade dans une direction moins fréquentée et moins sûre.

***

C'est ici et c'est aujourd'hui que nous devons prendre un parti définitif au sujet de notre passage par le désert de Pétra.

Et cela donne sujet à de longs conciliabules avec notre guide, avec les Arabes de notre escorte et avec les prudents moines de ce couvent, — discussions de Babel où se parlent le grec, l'arabe, le turc, le français et l'anglais. Le tout se complique de l'interdiction aux Bédouins de pénétrer dans le monastère; les nôtres tiennent donc leur conseil particulier en bas, dans le chaos des rochers rouges, assis en rond sur le granit, et, chaque fois qu'on a besoin de leur demander un avis ou de leur communiquer une idée nouvelle, il faut descendre quatre à quatre, par la série des petits escaliers croulants, et franchir les triples portes des remparts.

Enfin, voici notre décision prise : le plus fidèle de nos Bédouins va partir ce soir, sur le plus rapide de nos dromadaires, pour aller trouver le cheik rebelle. Il lui portera la lettre du séïd Omar, une autre d'un saint hadji de la Mecque, qui nous recommande à sa bienveillance, et une troisième que je lui adresse moi-même, lui demandant s'il consentira à nous laisser passer, quelle rançon il exigera de nous et combien de jours il nous retiendra dans sa tribu.

Ce Bédouin, réputé sûr, est, en outre, chargé de lui dire que nous voulons une réponse écrite, signée de lui et scellée de son sceau ; que nous attendrons cette réponse ici, derrière les murs du couvent ; que, si elle est mauvaise, nous retournerons à Suez, renonçant au désert arabe, pour nous rendre à Jérusalem par mer. Mais ces derniers points sont ruses et mensonges, car nous quitterons le couvent dans trois jours pour aller au-devant de notre messager (qui demande six journées et sept nuits pour accomplir son voyage) et l'attendre en un point convenu, à trois étapes d'ici, au croisement de deux vallées, qui vont, l'une vers Pétra, l'autre vers Nackel. Si la réponse est mauvaise ou si le messager ne revient pas, nous obliquerons de là sur l'oasis de Nackel, pour contourner les territoires du grand cheik sans qu'il se doute de notre passage.

Nous voilà donc, pour trois jours de plus, les hôtes du couvent funèbre que nous pensions quitter demain matin. Cette décision prise, nous avons une impression de paix et d'attente mélancolique, dans cette « demeure de la solitude » qui va rester la nôtre pour tant d'heures encore.

Cherchant le dernier soleil de la journée, nous allons errer sur les plus hauts remparts. Quatre heures à peine, et déjà ce soleil va disparaître derrière les effrayants granits qui encombrent le ciel, écrans monstrueux découpés au-dessus de nos têtes avec une netteté si dure, dominant et écrasant tout.

Il se cache, le soleil, masqué subitement par l'une de ces vertigineuses dentelures de roches, et aussitôt l'ombre nous envahit, très froide, tandis que la dentelure pareille d'en face demeurera longtemps encore éclairée, fulgurante, vue de la demi-obscurité où nous sommes, et d'un rouge presque infernal sur le bleu cru du ciel.

Le Père Daniel, qui a fini ses devoirs religieux, vient alors nous proposer de descendre avec lui dans les jardins, et nous nous enfonçons une fois de plus dans cette sorte de puits, qui est le monastère, pour sortir de ses murailles. Il fait de plus en plus froid; il faut se draper et tenir à deux mains ses burnous, que le vent tourmente.

Les jardins, peu à peu gagnés sur l'aridité de la montagne, sont en terrasses successives, entourés, eux aussi, de grands murs, mais non fortifiés; en cas de siège, évidemment, on les abandonnerait. Il y pousse des cyprès, des oliviers, des vignes, quelques citronniers, aux feuilles roussies par la grêle et la neige. Sous de vieux arbres est une sorte d'enclos désolé que le moine, dans son français étrange, appelle la *mortification :* c'est le cimetière de la communauté, où dorment pêle-mêle, dans un renoncement suprême, des morts sans personnalité et sans nom. Nous sommes déjà en plein crépuscule ici, tandis que sur nos têtes les granits surplombants et menaçants baignent encore dans le soleil. Il fait si froid qu'il faut rentrer.

Avant de franchir de nouveau les remparts énormes, nous nous arrêtons pour regarder la première des petites portes basses, au-dessus de laquelle s'avancent les guérites de pierre pour jeter sur les assaillants l'eau et l'huile bouillantes; elle est surmontée de deux plaques de marbre, disant, l'une en grec, l'autre en syriaque, que ce couvent fut construit, en l'an 530, sous le règne de *Justinianus, imperator.*

Nous rentrons décidément. Il est temps, d'ailleurs, car les trois portes de fer doivent toujours être verrouillées avant la nuit. Tandis que nous regrimpons par les petits escaliers et les petites rampes disjointes, le Père nous conte les sièges que ce couvent a subis, les armées sarrasines accourues du Nord et de l'Orient, les Bédouins en hordes attroupés sous ces murs pour essayer de piller les saints trésors... Et, devenus tout à fait des hommes du moyen âge, nous montons, si haut que nous pouvons monter, pour regarder, des terrasses couronnant les remparts, notre messager qui s'éloigne, à longues enjambées de chameau, dans le désert...

Puis la nuit vient, amenant un excès de silence.

Et nous regagnons nos chambrettes pauvres, où la lueur des veilleuses, devant les icones, est agitée par de petits souffles glacés.

XIV

Samedi 3 mars.

Encore un vent glacé, qui balaye le ciel étincelant de lumière. Cependant nous voyons fondre peu à peu la neige aux plis des rouges granits surplombants.

Dans nos chambrettes pauvres, où ce vent filtre par tous les joints des vieux bois, il fait un froid mortel. Et nous préférons employer dehors nos heures de retraite, à errer sur les petites terrasses ou sous les petites voûtes, dans les petits escaliers ou le long des petites galeries très vieilles qui mènent aux minuscules chapelles des anciens âges. Le silence est inouï; on est dans des ruines, chez des morts. Et comme cette nécropole gît à deux mille mètres de haut, au milieu de contrées dépourvues de toute vie humaine ou animale, l'air qui y passe est irrespiré, presque vierge.

A longs intervalles seulement, le va-et-vient espacé de quelques moines silencieux, dont les uns glissent au-dessus de nous, les autres au-dessous, et qui se hâtent de se terrer, par des portes comme des chatières, dans des niches en pisé rougeâtre — vieillards aux longues chevelures, ayant l'aspect de troglodytes qui rentreraient dans des trous de cavernes.

Des chats font comme nous; errant sans bruit sur les petits toits abrités, sur le haut des petits murs, ils cherchent un peu de ce chaud soleil qui, de si bonne heure, va disparaître derrière les effrayantes masses de granit d'en haut.

Quel isolement ici, et quelle paix sépulcrale, avec la sensation de n'avoir autour de soi, de tous côtés et indéfiniment, que le linceul du désert!

A certaines heures du jour ou de la nuit: Pan! pan! pan! pan! Un moine, dans le clocher, frappe avec une mailloche, d'une façon spéciale et bizarrement rythmée, sur une longue pièce de bois qui est là suspendue — morceau de quelque arbre contemporain des empereurs grecs. C'est le *synamdre*, instrument des temps passés, dont l'usage vint aux églises des premiers siècles, quand la tyrannie sarrasine interdisait le branle des cloches. Il a des sonorités sèches, tristes comme un bruit de heurt d'ossements; et les coups, tantôt séparés, tantôt réunis deux à deux, tantôt lents et tantôt rapides, suivant d'immuables règles âgées de plus de mille ans, semblent un mystérieux langage d'initiés.

A l'appel du synamdre, ils sortent, les moines, de leurs petits oratoires, de leurs petites cellules, d'en haut, d'en bas, de tous leurs pauvres trous en pisé croulant; une vingtaine environ, pour la plupart vieux et cassés, avec de longs cheveux blancs, de longues barbes blanches traînant sur des robes noires; ils se dirigent vers l'escalier de la basilique, passent les étonnantes portes de cèdre et entrent à pas lents dans l'incomparable sanctuaire.

Le soir, comme les captifs dans les citadelles de jadis, nous nous tenons sur un angle avancé des hauts remparts, — le seul d'où l'on ait une échappée de vue sur le lointain désert de sable, par une baie entre les masses de granits enveloppantes.

Et nous regardons de grosses nuées noires arriver du fond de cet horizon sinistre. Un vent gémissant les chasse vers nous, de là-bas; elles montent très vite, assombrissant le ciel et chargées de neiges encore pour la nuit.

C'est l'heure du coucher du soleil et les portes de la forteresse se ferment, en bas, sous nos pieds, nous séparant de toute la froide désolation d'alentour.

Puis, les moines viennent nous avertir, en nous souhaitant bonne nuit, qu'une caravane partira demain matin, après la liturgie, pour le petit port de Tore et prendra, si nous voulons, nos lettres pour le monde habité.

XV

Dimanche, 4 mars.

Déjà nous sommes faits à « la demeure de la solitude », au dédale de ses petites constructions, montantes ou descendantes et comme volontairement enchevêtrées.

Et nous démêlons mieux cet ensemble: en somme, un carré, de soixante-dix à quatre-vingts mètres de côté, espèce de puits profond, avec des remparts à défier les assauts et les siècles, et, au milieu, cette merveilleuse châsse de granit recouvert de plomb, qui est la basilique.

Entre les remparts et l'église, s'étage au hasard l'amas secondaire des petites constructions en pisé, en bois, en plâtre, sorte de village oriental, tassé dans un rien d'espace et habité par des vieillards muets qui sont gardiens de reliques millénaires. De temps à autre, près de l'église immuable. les maisonnettes de terre battue s'effondrent, et on les rebâtit pareilles, sans plus de soins, par les mêmes procédés primitifs. Elles n'ont de particulier, d'ailleurs, que leur antiquité et leur rudesse, avec pourtant, çà et là, de petits détails exquis : une vieille porte de travail cophte, en marqueterie de cèdre et d'ivoire; une vieille fenêtre découpée, à festons sarrasins; un vieux marbre arabe finement ciselé.

Il y avait eu cette nuit grands sifflements de vent et tourmentes de neige. Mais tout s'est apaisé avant le lever du jour.

Et ce matin, le synamdre et les cloches du dimanche tintent dans un air immobile, appelant les moines à la basilique. Lorsque nous ouvrons nos portes sur notre véranda suspendue, le soleil d'Arabie, très radieux, très chaud, est là pour égayer et éblouir. Des coqs chantent dans le jardin muré, un chien aboie; il y a presque des musiques de vie, qui vibrent et s'allongent en échos, entre les parois des granits géants. Et un charme de printemps, bien inutile et étrange sur cette demeure de fantômes, plane dans l'atmosphère attiédie. Il fait presque chaud, malgré la neige encore amoncelée dans les recoins d'ombre.

Après la liturgie, le Père Daniel vient à nous. Son français, appris en deux mois dans un livre, est enfantin encore; il conjugue toujours les verbes rapidement et à voix basse, avant de s'en servir. Me montrant une peau fraîche de panthère qui sèche au soleil : « Cela, monseigneur... » Puis, il se dépêche de conjuguer à voix basse : « Je mange, tu manges, il *mangé*, nous mangeons, etc. », et reprend, sûr de lui-même : « Cela, monseigneur, il *mangé* chameau! Oui, oui, cela petit, il *mangé* chameau! » Elles sont nombreuses, ces bêtes, nous dit-on, dans la partie du désert où nous allons nous engager maintenant.

La basilique, d'où les moines viennent de sortir, est remplie ce matin de tout l'encens du dimanche, qui flotte encore, en léger nuage gris, à mi-hauteur de colonnes. Nous y trouvons le Frère au beau visage de cire et aux longs cheveux en boucles, qui nous avait ouvert l'autre jour la crypte sainte, et qui est un des rares jeunes hommes de la communauté.

Avec une lenteur hiératique, il s'occupe à rallumer des veilleuses dans des lampes d'argent. Sa pâleur, ses yeux d'illuminé inspirent presque une crainte religieuse, tant il ressemble, sur ces fonds d'ors atténués par les siècles, à quelque image byzantine du Christ, qui aurait pris vie... Oh! l'étrange figure d'ascète, rayonnante et grave, dans le nimbe d'une chevelure rousse épandue magnifiquement!... Et bientôt, la ressemblance s'accentuant par degrés, dans ce milieu propice au rêve, on dirait, non plus une icone animée, mais le Christ lui-même, le Christ occupé humblement à d'humaines besognes, parmi des objets si anciens qu'ils contribuent à donner l'impression de son temps...

Il n'est cependant qu'un simple frère, voué aux petits soins inférieurs de l'église et à l'entretien du feu. C'est lui qui patiemment nous montre en détail le sanctuaire, découvrant les marbres, les mosaïques, les icones d'argent et d'or, soulevant les housses de vieux brocart dont ces choses sont enveloppées.

Dans le lieu du tabernacle ensuite, c'est encore lui qui, sur la prière du Père Daniel, nous ouvre les deux grandes châsses d'argent envoyées jadis par un empereur de Russie. Elles ne renferment que des ornements d'église, des étoffes du XIIe et du XIIIe siècle, des vases et des croix d'ancienne orfèvrerie.

Mais, d'une troisième châsse qui est en simple marbre, il retire, pour nous les montrer, deux coffrets massifs d'or ciselé qui contiennent des reliques plus sombres. Dans l'un, la main desséchée et noire de sainte Catherine, qui pose avec ses bagues et ses bracelets sur un coussinet de soie. Dans l'autre, la tête de la sainte, que couronne un diadème de pierres précieuses, débris effroyable entouré de ouate et sentant le naprum des momies... Et puis, pour des années sans doute, on referme tout cela soigneusement ; le lourd couvercle en marbre de la châsse est tiré de nouveau sur les deux coffrets d'or, et une housse, faite d'un exquis brocart rose, est jetée par-dessus.

Tandis que le moine se penche, pour rectifier les plis de l'étoffe autour de cette forme de cercueil, les boucles de ses cheveux tombent sur la soie magnifique, et on a l'impression de contempler un Christ ensevelisseur...

Avant de nous éloigner dans le désert, nous voulons revoir la crypte du buisson ardent — et nous entrons là une dernière fois, pieds nus, traînant sur les tapis nos dalmatiques blanches.

Tout y est tel qu'hier, et qu'il y a mille ans. La toute petite fenêtre, profonde comme une percée de remparts, envoie sa même lueur, à travers ses archaïques verrières, sur les faïences et les orfèvreries des murs. Les saints, les martyrs, regardent de même, du fond de leurs auréoles de pierreries et d'or. Et, à nos yeux, ce moine aux longs cheveux roux et au beau visage pur, est devenu tout à fait le Christ, — le Christ, en simple robe noire au milieu de ces richesses amoncelées, qui est là près de nous, qui vit et se meut; sa présence ne surprend même plus, dans ce cadre des premiers siècles, évocateur d'ombres saintes...

Un autre lieu de spectres et de poussière est une salle demi-obscure, attenante à cette bibliothèque des parchemins grecs où sont conservés les évangiles écrits par l'empereur Théodose. Salle de travail, pour les moines et leurs visiteurs. Par des arceaux en plein cintre, elle s'éclaire vaguement à la mode mauresque sur une cour intérieure; une admirable fontaine persane en marbre y est posée comme chose perdue, et les sièges dont on se sert là, comme d'objets courants et vulgaires, sont de ces fauteuils du moyen âge en forme d'*x* qui seraient des pièces de musée. Des portraits de saints et d'évêques, peints à la manière des Primitifs, sont accrochés aux murailles, et, par d'autres arceaux, on communique avec de petits oratoires absolument ténébreux, au fond desquels des lampes brûlent — recoins de mystère et de mort, emplis d'étranges reliques des vieux âges. Tout cela a des aspects d'abandon, de délabrement irrémédiable; tout cela est petit, contourné, étouffé par manque d'espace entre les écrasants remparts — et la neige fondue tombe goutte à goutte des plafonds, imitant le suintement des cavernes.

Cependant au dehors, le soleil resplendit, toujours plus chaud. Il y a vraiment comme un silence et un repos du dimanche planant aujourd'hui sur le couvent sonore, tandis que les vieux toits se dépouillent peu à peu du suaire blanc que les dernières nuits y avaient jeté. Elles fondent, les neiges; tous les chats sont sortis, cherchant les recoins secs, bien ensoleillés, et un moine, qui est centenaire et affranchi de la discipline, se promène avec eux, tout courbé sous sa longue chevelure blanche, marmottant de continuels chapelets.

En bas, au pied des grands remparts, dans les tristes jardins murés, on a une impression de printemps oriental; les oliviers gris, les amandiers tout blancs de fleurs et les poiriers tout roses se détachent en nuances fraîches et claires sur ces implacables fonds de granit rouge, dentelés, striés, qui remplacent ici le ciel — le ciel si haut monté qu'on l'oublie... Et il est singulier, ce printemps-là, qu'on sent venu uniquement pour ce jardin artificiel et pour ce cimetière planté d'arbres, puisque nulle part ailleurs il ne trouvera rien à reverdir, dans l'infini des sables et des pierres mortes...

C'est notre dernier jour ici. Au soleil couchant, nous montons, comme chaque soir, sur ses plus hautes terrasses d'où l'on aperçoit, par une fissure entre les granits immenses, un coin d'horizon. Cette fois, c'est pour interroger des yeux la petite échappée visible de ce désert où nous retournerons demain : le ciel là-bas est calmé, tranquille, pur, et aucune tempête nouvelle n'est à prévoir de ce côté, pour notre départ.

Dans la partie du couvent que nous habitons, notre présence a jeté un peu de vie. Les moines ascètes, qui ne pouvaient nous offrir que le gîte et non la table, nous ont permis de faire entrer nos domestiques syriens et d'apporter nos provisions de route.

Ce soir, en particulier, nos gens se livrent à de grandes cuisines et rôtissent un agneau acheté aux Bédouins d'en bas, car le Père Daniel et le Père Économe doivent partager notre dernier souper — pour l'adieu, qui sera vraisemblablement éternel...

XV

Lundi 5 mars.

Il est de grand matin, et les moines, à la suite des offices de la nuit, dorment encore quand nous descendons les escaliers du monastère, quand nous passons, pour la dernière fois de notre vie sans doute, par la triple porte ferrée qui date de Justinianus Imperator.

Plus un souffle de vent; encore de la neige au-dessus de nos têtes; mais rien qu'une couche de gelée blanche sur le sol et sur les choses proches. Il fait un froid splendide et clair.

Continuant de descendre sur des éboulements de granit, entre d'énormes blocs rouges ou roses, nous arrivons, après un quart d'heure de marche, à notre lieu de campement d'où part une clameur forcenée. Nos tentes, nos bagages, tout est par terre, sur le sable ; des chameaux errent alentour et une cinquantaine de Bédouins sont là, groupés en masse compacte, qui hurlent tous ensemble.

C'est qu'aujourd'hui, devant partir pour une région différente, nous avons à changer de cheik et d'escorte : alors il y a discussion, c'était inévitable, entre ceux que nous allons quitter et ceux que nous allons prendre.

De plus, le nouveau cheik, au lieu de vingt chameaux que nous lui avions demandés, nous en a amené trente-cinq, qu'il veut nous contraindre à garder pour nous rançonner davantage. — Mais cela, c'est l'affaire de notre guide-interprète. Pour rester de bon ton au désert, nous devons ne prendre aucune part au débat, faire preuve, au contraire, d'une dignité détachée en nous asseyant simplement pour attendre.

Nous sommes dans une sorte d'entonnoir de montagne, où commence à descendre un resplendissant soleil matinal. Tout autour et tout près de nous, les gigantesques mornes de granit absolument rouges escaladent le ciel absolument bleu.

Le fond de cette gorge est d'un sable spécial, d'une poussière rose de granit, jonchée de cailloux bleus et saupoudrée de gelée blanche. Naturellement, la note verte des arbres et des herbages manque ici — et de toute éternité. Mais, sur ce sol si fin d'une nuance si rare, nos bagages épars sont des caisses peinturlurées d'arabesques multicolores ; des couvertures et des tapis aux éclatants bariolages ; surtout de ces énormes bissacs pour chameaux, ornés de broderies en coquillages blancs et de pendeloques en laine noire — grand luxe des nomades.

Au milieu de ces choses, un gesticulement continu de Bédouins en fureur. Des gens, à mince figure de bronze, agitant de longs bras nus hors de burnous en lambeaux. Et, sur l'ensemble noirâtre de leurs haillons ou de leurs peaux de bêtes, brillent les cuivres fourbis de leurs longues pipes, de leurs vieux fusils ayant beaucoup tué, de leurs vieux coutelas ayant tranché beaucoup de chair...

Et, tant est sonore ce granit desséché, il semble que partout, au-dessus de nos têtes, on hurle aussi, à différentes hauteurs, dans les autres gorges de pierres rouges qui vont s'échelonnant vers le ciel vide.

Par instant, la clameur est furieuse, les gestes féroces ; dans les groupes, on se prend deux à deux par la tête, ce qui est une forme de l'adjuration.

Et puis, cela semble s'apaiser; alors on commence à faire coucher les chameaux pour les charger et nous prévoyons que nous allons partir. Mais cela reprend sur un autre point et notre espoir s'évanouit.

Quelquefois, deux ou trois d'entre eux, pour se reposer, s'en vont s'asseoir à l'écart, très calmes subitement, et fument dans leurs longues pipes, — puis reviennent plus frais, recommencer des hurlements nouveaux.

Le Père Daniel et le Père Économe descendent du couvent pour nous dire adieu. En notre faveur, ils prennent part à la discussion et paraissent être écoutés avec respect, en tant que donneurs habituels de pain noir aux plus affamés des tribus.

Grâce un peu à leur intervention, cela se termine pourtant, après cinq quarts d'heure de grands cris. Tout est entendu enfin, nous n'aurons que vingt chameaux. — Nous montons sur nos bêtes et c'est le départ.

Pendant des heures, cheminé dans les vallées silencieuses et sonores, au milieu des étrangetés géologiques, tantôt entre les abrupts granits bruns ou roses, tantôt dans les plus friables granits grisâtres, fouillés et polis par les pluies depuis les origines du monde et semblant des monceaux de bêtes antédiluviennes.

Cette fois, nous cheminons tous ensemble, n'ayant

pas eu le temps de prendre les devants sur nos bagages à cause de la discussion de ce matin. Et, à notre caravane, se joignent, avec leurs bêtes, cette quinzaine de chameliers que nous avons refusés et qui s'en vont rallier leur tribu. Sans rancune, ils nous font escorte, causent et chantent.

Peu à peu nous descendons des hauteurs sinaïtiques, regagnant par degrés la bonne chaleur d'en bas. Et, vers le soir, nous avons retrouvé le désert de sable, profond et pareil, avec ses petites plantes d'un vert si pâle, qui sont des aromates, des choses embaumées.

Au coucher du soleil, nous campons au milieu de ces maigres plantes aux senteurs précieuses, ayant de tous côtés l'espace infini, au lieu de l'oppression des froids granits rouges qui nous avaient tenus quatre jours enfermés là-haut. Et le Sinaï, devenu lointain, a repris sa grande taille par rapport aux montagnes qui l'entourent ; il dresse solitairement au-dessus d'elles sa tête neigeuse.

C'est une joie physique, de reprendre de moins épais voiles de laine blanche, dans l'air subitement attiédi et saturé d'aromes, en face des horizons vides, déblayés pour un temps de tout l'écrasant chaos des granits. Et nous errons, plus libres et plus légers autour de nos tentes, dévisageant au crépuscule ces Bédouins, plus sauvages, plus faméliques et plus sombres, qui composent notre caravane nouvelle.

Quand vient la nuit d'étoiles, les sables gardent cette teinte chaude et rousse, d'une finesse exquise, que nous avions oubliée et sur laquelle les chameaux, les broussailles, font un semis de taches obscures. Nos Bédouins s'asseyent en rond autour de leurs feux, et les flammes claires, les blanches fumées chargées d'aromates montent vers la voûte bleu noir, où passe obliquement la lumière zodiacale, où scintillent des constellations comme rapprochées de la terre, ou vues au travers de miroirs exagérants. Alors, dans les groupes immobiles, la musette commence à gémir et un chœur rauque est entonné à voix basse ; musique sans âge, comme en devaient faire ici les plus primitifs bergers, et qui tremble, hésitante et grêle, dans du silence trop grand...

XVII

Mardi 6 mars.

A la splendeur froide du matin, nous sortons de nos tentes. De la gelée blanche est déposée en fine poudre sur le sable, sur les pâles plantes aromatiques, les myrrhes, les absinthes et les hysopes.

La plaine a pris sa teinte neutre du jour; mais, au delà du cercle d'horizon plat, surgissent là-bas, comme des profondeurs d'en dessous, toutes les dentelures granitiques de la chaîne du Sinaï: c'est absolument rose, d'un rose lumineux comme celui des transparentes verrières, avec des stries couleur d'iris; au delà des désolations incolores et mornes du lieu où l'on est, on dirait l'apparition d'un monde féerique, qui ne tiendrait pas au nôtre, qui serait indépendant et instable dans le vide du ciel.

Des cristaux de glace brillent partout sur les toiles

de nos tentes. Ailleurs qu'ici, dans les pays du nord, on souffrirait cruellement d'un tel froid, à peine vêtus comme nous sommes et la poitrine au vent; mais, dans cet éclat de lumière et de soleil, la gelée, si invraisemblable, se sent à peine, et l'air est du reste si sec, si vivifiant, que la force en est doublée pour tout endurer.

Autour de nous ce matin, il y a grande clameur, au soleil levant. Tous les Bédouins refusés hier, et qui ont couché près de nous, ne peuvent se décider à partir sans un salaire quelconque et réclament aux heureux qui vont nous suivre une partie de ce que nous leur avons donné. Alors des discussions bruyantes se sont engagées, qui retardent encore notre départ. Mais c'est sans grande âpreté ce matin, presque pour rire, — et par besoin de donner de la voix, de dilater sa poitrine, de l'emplir d'air pur pour crier, à la façon des bêtes, à la façon de nos chameaux qui, chaque fois, saluent par des grondements de fauves le retour du soleil... Et la lumière virginale de sept heures épand sa magnificence sur cette scène primitive, glorifie ces hommes en haillons immondes, ennoblit leurs grands gestes et les drape comme des dieux...

*
* *

Cheminé, cheminé des heures dans les plaines, sous le soleil brûlant et sous le vent glacé, écrasant toujours les pâles plantes embaumées.

Le désert, monotone comme la mer, est changeant comme elle. Avant-hier, c'étaient les granits géants; hier, les sables plats, et aujourd'hui nous entrons dans la contrée des pierres meulières qui créent autour de nous des surprises nouvelles, des aspects encore jamais vus. Devant nous vient de s'ouvrir un lugubre dédale de vallées faites de ces pierres-là, jaunâtres ou blanches; leurs parois, stratifiées horizontalement, donnent l'illusion de murailles aux assises régulières, bâties de main d'homme. On croit circuler au milieu de cités détruites, passer dans des rues, dans des rues de géants, entre des ruines de palais et de citadelles. Les constructions, par couches superposées, sont toujours plus hautes, toujours plus surhumaines, affectent des formes de temples, de pyramides, de colonnades, ou de grandes tours solitaires. Et la mort est là partout, la mort souveraine, avec son effroi et son silence...

De temps à autre, nos chameliers chantent, — sortes de cris tristes qui se traînent en modulations descendantes, pour finir en plainte. Et, comme toujours leurs voix éveillent des vibrations dans ce monde de pierres desséchées, de longs échos inattendus dans ce néant sonore.

Les plantes qui dominent ici et dont le parfum emplit l'air sont presque incolores, à peine plus vertes que les pierres voisines; elles sentent comme les pommes reinettes au soleil, avec quelque chose de plus violent et de plus poivré. Des gazelles, sans doute, viennent de loin les brouter, car, sur le sable, voici des empreintes de sabots très fins, — très espacés aussi, comme en laisserait le passage de bêtes courant par bonds, brûlant le sol dans une fuite rapide... Et tout à coup, là-haut, les gazelles apparaissent, détalant comme le vent sur la cime d'un des fantastiques remparts! — et aussitôt perdues, dans les lointains aux éblouissantes blancheurs...

Après la halte méridienne, quand nous avons dormi sur le sable violemment parfumé, la tête cachée sous nos burnous blancs, le réveil amène en nous une sorte d'angoisse du désert que nous avions à peine connue jusqu'à ce jour.

Et cette angoisse va croissant l'après-midi, tandis que nos dromadaires continuent de cheminer en nous berçant, dans ces mêmes vallées toujours plus sinistres, aux aspects de ruines trop farouches et trop grandes. C'est quelque chose d'indéfinissable, une nostalgie d'*ailleurs,* sans doute, un regret pour ce printemps que nous perdons ici et qui, dans d'autres pays, amène des verdures et des fleurs. Ici, rien, jamais; c'est une partie maudite de la terre, qui voudrait demeurer impénétrée et où l'homme ne devrait pas venir... Et, à la merci de ces Bédouins qui nous mènent, nous nous enfonçons là dedans toujours plus loin, toujours plus loin, dans tout un inconnu qui va s'assombrissant malgré le lourd soleil et où semblent couver on ne sait quelles muettes menaces de destruction...

***

Mais le soir revient, le soir avec sa magie, et nous nous laissons charmer encore.

Autour de notre petit campement confiant, autour de notre horizon rude où les menaces semblent à présent endormies, le ciel crépusculaire vient allumer une incomparable bordure rose, orangée, puis verte, qui monte par degrés au zénith apaisé et éteint.

C'est l'heure indécise et charmante où, dans des limpidités qui ne sont ni du jour ni de la nuit, nos feux odorants commencent à briller clair, en élevant vers les premières étoiles leurs fumées blanches; l'heure où nos chameaux, dégagés de leurs charges et de leurs hautes selles, frôlent les maigres broussailles, broutent les branchettes parfumées, comme de grands moutons fantastiques aux allures inoffensives et lentes; l'heure où nos Bédouins s'asseyent en rond pour conter des histoires et chanter; l'heure du repos et l'heure du rêve, l'heure délicieuse de la vie nomade...

XVIII

Mercredi 7 mars.

Un soleil toujours plus ardent et un vent de moins en moins froid, à mesure que nous nous éloignons des hauts plateaux du désert Sinaïtique pour descendre vers le golfe d'Akabah.

Tout le matin, nous marchons comme hier, dans des ruines titanesques de remparts, de temples et de palais... Pendant des millénaires et des millénaires, les pluies, les effritements, les éboulements, ont dû travailler là avec d'infinies lenteurs, mettant à nu les filons les plus durs, détruisant les veines plus tendres, creusant, sculptant, émiettant, avec des intentions d'art et de symétrie, pour créer ce simulacre de ville effrayante et surhumaine, dans lequel nous avons déjà fait vingt lieues sans en prévoir la fin.

Vers le milieu du jour, le désert devient noirâtre, à perte de vue et partout; noirâtres, ses montagnes; noirâtres, ses sables jonchés de cailloux noirs; les plus pâles plantes ont même disparu; c'est la désolation absolue, le grand triomphe incontesté de la mort. Et là-dessus, tombe un si lourd, un si morne soleil, qui ne paraît fait que pour tuer en desséchant!... Nous n'avions encore rien vu d'aussi sinistre : on étouffe dans du calciné et du sombre, où semble s'infiltrer, pour s'anéantir, toute la lumière d'en haut; on est là comme dans les mondes finis, dépeuplés par le feu, qu'aucune rosée ne fécondera plus... Et alors, la vague inquiétude de la précédente journée devient presque de l'angoisse et de l'horreur.

Mais sur le soir, nous arrivons à la « Vallée de la Fontaine » (l'Oued-el-Aïn), où nous devons camper. C'est la première oasis depuis que nous marchons dans le désert, et elle nous paraît un lieu enchanté, quand elle s'ouvre tout à coup, comme un décor qui change, entre deux hauts portants de montagne. Elle est enfermée, murée splendidement par les granits, qui ont reparu là, semblables à ceux du

Sinaï, mais plus rouges encore. Au fond et au milieu, s'élève, comme un temple, comme une pagode hindoue, une étrange fantaisie géologique, une gigantesque pyramide régulière, flanquée presque symétriquement de clochetons et de tourelles. La base en est d'une couleur si intense qu'on la dirait frottée de sang, tandis que le sommet, d'un granit spécial sans doute, pâlit et tourne au jaune de soufre.

Sur la rougeur sombre de tous ces grands rochers, se détachent des bouquets de palmes d'un vert trop intense et presque bleu, les uns en touffes épaisses sur le sol, les autres s'élançant sur de longues tiges penchées. Et des tamarins, et des roseaux, et de l'eau courante qui bruit sur les pierres! Nos chameaux altérés crient vers l'eau fraîche, courent y tremper avidement leurs têtes chaudes. Et nous, après ces jours de visions funèbres, enivrés tout à coup par la splendeur de cet Éden caché, nous campons joyeusement dans ce triple cirque de rochers sanglants parmi les belles verdures bleues.

C'est ici le lieu du rendez-vous avec le messager que nous avons envoyé à Mohammed-Jahl, chef du désert de Pétra. Il devrait nous y avoir devancés. Nous l'attendrons un jour, deux jours, et puis, s'il ne revient pas, il faudra nous décider à prendre la route oblique vers l'oasis de Nackel. Nos Bédouins d'ailleurs ne se soucient pas d'aller plus loin, sans y être autorisés, dans la direction du grand détrousseur.

XIX

Jeudi 8 mars.

Oh ! l'Oued-el-Aïn, la Vallée de la Fontaine ! Avec quels mots, avec quelles images de fraîcheur empruntées aux poètes de l'ancien Orient, peindre cet Éden, caché dans les granits du désert ?

C'est le matin, le lumineux matin, et j'explore au hasard l'oasis charmante où notre petite ville de toile blanche va demeurer bâtie pour un ou deux jours. Au plus creux de la vallée, coule une eau vive et claire, dans des bassins de granit rose qui ont le poli du marbre travaillé et qui sont sans une plante, sans une algue, dont le fond transparaît comme celui des artificielles piscines pour les ablutions de sultanes ou de houris. Elle court, l'eau rare, l'eau précieuse, tantôt dissimulée aux derniers replis roses des bassins, tantôt s'épanchant sur sa route en petits marécages sablonneux où croissent les roseaux, les tamarins et les palmiers superbes éployés en panaches bleus.

On admire en passant chacun de ces jardins sauvages. Puis le petit recoin paradisiaque tout à coup vous est masqué derrière les blocs des granits énormes, et on ne voit plus, pour un temps, que les pierres polies où l'eau s'enferme, — jusqu'au moment où le miracle recommence, à quelque détour, et un autre bocage enchanté survient. Le ciel naturellement est d'une limpidité de cristal, comme un ciel d'Éden doit être. Et des oiseaux chantent dans les palmes; des libellules tremblent, posées sur les joncs; des reflets de soleil, malgré les roches surplombantes, se glissent et viennent danser par places au fil de l'eau remuée.

Dans un bassin profond aux parois adoucies, qui semble quelque somptueux sarcophage de roi, j'arrête ma promenade pour me baigner; alors, levant les yeux, j'aperçois de grandes bêtes à tournure antédiluvienne, penchées tout au bord des escarpements d'en haut et me regardant, le cou tendu, d'un air d'intime connaissance : nos dromadaires, qui sans doute réfléchissent au moyen de descendre jusqu'à l'eau convoitée, et qui peut-être aussi goûtent, à leur manière, le matin suave.

Dans l'oasis, on peut circuler partout en babouches légères ou pieds nus; les granits ont été usés si longuement par les siècles tranquilles, qu'à présent ils sont partout sans arêtes vives, luisants et doux. Ou bien c'est du sable fin, où l'on marche comme sur du velours, ajoutant des traces humaines aux traces des panthères et des gazelles. Du reste, dans cette contrée du monde où sont inconnues la pluie, la fumée, la poussière et la sueur, on ne salit jamais ses vêtements; on peut n'importe où marcher ou s'étendre sur le sol sec et propre, sans tacher les longs voiles de laine blanche dont on s'habille — et sous lesquels passent le soleil ou les vivifiantes brises, pour durcir et bronzer les poitrines.

***

Il y a une paix spéciale, une incomparable paix dans cette oasis non profanée, que de tous côtés l'immense désert mort environne et protège. Et nous y passons sans hâte nos heures d'attente.

Un seul moment d'agitation dans la journée — à propos d'un serpent de grande taille qui s'est montré dans un palmier. Nos Bédouins, qui l'ont vu autrement que nous, affirment qu'il avait deux têtes, que par conséquent c'était *Barkil*, roi des serpents, et qu'il est nécessaire de le tuer. Alors ils font une battue inutile, à coups de pierres, dans les belles palmes emmêlées.

XX

Vendredi 9 mars.

A la veillée d'hier, nous avions décidé de ne plus attendre notre messager, probablement perdu, et de partir aujourd'hui pour tenter quand même l'aventure de Pétra.

Mais ce matin, avant le jour, j'entends claquer des mains très fort, derrière la toile de ma tente, tout près de ma tête — ce qui est la façon de sonner le réveil dans notre caravane — et la voix contente de notre guide-interprète me crie en turc :

— *Bizum adem gueldi !...* (Il est arrivé, notre homme !) rapportant une très bonne lettre du grand cheik !

Alors je réponds :

— Entrez, entrez dans ma tente, montrez-la vite, cette lettre de bienvenue.

Et il entre, précédé de la haute lanterne de cérémonie et tenant l'enveloppe marquée au sceau de Mohammed-Jahl.

Après les salutations arabes, le cheik de Pétra nous souhaite une bonne arrivée, nous mande qu'il viendra à notre rencontre jusqu'à Akabah, nous amenant une escorte et des chameaux, et s'engage à ne nous retenir que douze jours dans son territoire pour nous conduire en Palestine. Puis, sa lettre se termine ainsi :

« Au nom d'Allah qui est tout, et pas au nom du sultan de Stamboul qui n'est rien !

» MOHAMMED-JAHL. »

On lève le camp plus joyeusement, avec un regret toutefois pour ce lieu qu'aucun de nous ne reverra jamais et qui est particulièrement charmeur, au soleil du matin.

En allant nous baigner dans les bassins roses, tandis qu'on selle nos dromadaires reposés, nous voyons partout sur le sable les drames de la nuit inscrits en traces neuves : sabots pointus de gazelles et griffes de panthères. La Vallée de la Fontaine, qui est en plein jour l'oasis du silence, devient dans l'obscurité un rendez-vous de bêtes, s'épiant les unes les autres, accourues de loin pour boire à ce ruisseau unique...

***

Nous sortons par le fond du décor, par de difficiles passages qui contournent la montagne rouge à profil de pagode hindoue. Et, pendant une heure ou deux, c'est le chaos que nous traversons, mais le chaos après quelque cataclysme d'hier : éboulements encore inachevés, montagnes encore croulantes, vallées qui viennent à peine de s'ouvrir. Des amas de pierres, en porte-à-faux au-dessus de nos têtes, menacent de débacles nouvelles et prochaines ; tout ce qui est resté en l'air paraît encore si instable, arrêté en plein bouleversement par de si petites et fortuites causes, qu'il semble que, déranger un caillou infime, suffirait à amener le recommencement des chutes et des chutes, s'entraînant les unes les autres, effroyablement. Et c'est étrange de voir, dans de telles immobilités, dans de tels silences, ces choses qui tout récemment ont dû faire trembler le désert et l'emplir d'un bruit de tempête.

Du reste, nous avons déjà rencontré d'autres régions en travail de mort, comme celle d'aujourd'hui. C'est ainsi que s'effrite et se détruit peu à peu toute cette Arabie, qui n'a ni terre ni plantes, qui n'est qu'ossements de plus en plus déssséchés. De temps à autre, ses montagnes s'effondrent; puis, les siècles les pulvérisent, en font lentement du sable, qui redescend vers la mer Rouge, entraîné par les vents et les pluies des hivers.

Nous nous décidons à marcher à pied, au milieu de ces cassons de montagne aux arêtes coupantes, et à faire passer nos bêtes en avant de nous. On sait qu'il peut suffire d'une vibration sonore, d'un chant de voix humaine, pour amener le départ d'une avalanche hésitante; de même, ici, notre marche à la file et le balancement de nos chameaux pourraient réveiller la tourmente des pierres...

En sortant de cette région inapaisée, on se laisse volontiers reprendre par le désert habituel, aux sérénités monotones.

Quand il change de teinte, le grand désert, c'est presque toujours tout d'une pièce; les montagnes, le sol, les plantes changeant à la fois et passant ensemble à l'uniforme couleur nouvelle.

Maintenant donc, nous entrons, pour jusqu'au soir, dans le royaume du gris, du gris mat, comme saupoudré de cendre et veiné çà et là de brun ardent.

Ce sont les premiers contreforts de la chaîne des Djebel-Tih, que nous franchirons demain, défilés funèbres, aux parois de plus en plus hautes et plus abruptes. Il y a des vallées resserrées, aux entrées d'ombre, dont la désolation est étouffante; d'autres très larges, dont la désolation plus grandiose amène des conceptions résignées, presque douces, de la grande mort sans réveil et de la fin de tout...

Grises les hautes cimes, grises les pierres, grises les maigres plantes dépouillées. Et un vent s'est levé, promenant en tourbillons ce sable lourd, pareil à de la cendre, dont les choses sont ici couvertes, — tandis qu'au ciel courent maintenant des nuages du même gris que la terre, qui s'en vont, affolés, vers l'Ouest.

Pendant la halte de midi, dans un creux de rocher, où nos tapis étendus semblent plus éclatants au milieu des grisailles d'alentour, deux bergeronnettes, qui nous avaient suivis en piaulant, viennent, avec une effronterie intelligente, manger au milieu de nous les miettes de notre pain. Entre les rares êtres vivants, il y a sans doute comme un pacte ici et une trêve de destruction...

Toujours plus hautes, les montagnes, et plus agité, le ciel; à certains tournants des gorges, le vent souffle en furie.

Cueilli avec étonnement des fleurs violettes, semblables à des *oreilles-d'ours* qui, de loin en loin, s'épanouissent, solitaires.

Vers le soir, dans la plus sombre des vallées, entre de plus immenses montagnes de cendre grise, croisé une famille nomade, pendant une rafale. L'homme et la femme demi-nus, — lui, très armé, — ont trois petits; le plus jeune, bébé de trois ou quatre ans, voyage à califourchon sur l'épaule de sa mère à figure voilée, impayable et charmant avec ses longs cheveux noirs que le vent redresse. Leurs chameaux ont aussi un petit, qui gambade affolé. Leurs chèvres en ont plusieurs qui trottinent en bêlant. — Toute une association errante, bêtes et gens s'aidant les uns les autres, et essayant quand même de se multiplier, de recréer de la vie, malgré le mauvais vouloir de ce sol de mort. — Ils viennent de très loin peut-être et ne savent guère où ils vont pour chercher mieux. Le père, — l'homme, — après nous avoir adressé, avec une certaine crainte, le salut d'usage, s'informe d'où nous venons, nous voyant sans intentions agressives malgré notre nombre, et pose la question vitale : « Avez-vous trouvé de l'eau? » Nous disons : « Oui, allez à la Vallée de la Fontaine, à tant d'heures de marche vers l'Occident. » Et nous les perdons de vue, à un tournant du dédale gris.

De la cendre et de la cendre. Nous ne sortons pas des grisailles mates, aux aspects friables et poudreux.

Et nous campons dans une petite plaine de rien, où il fait presque nuit avant le coucher du soleil, parce qu'elle est murée, encaissée de tous côtés par des montagnes verticales, d'un millier de mètres de haut, qui ont l'air de n'être que de prodigieuses piles de cendres. L'étroite vallée par laquelle nous sommes venus ici, et celle que nous prendrons pour en sortir demain, sont deux profondes fissures d'ombre, donnant tristement sur des régions de ténèbres. Nous sommes au pied des plus hauts contreforts de ce Djebel-Tih, que nous allons franchir pour pénétrer dans un autre désert...

Il y a quelques tout petits arbres, encore sans feuilles, le mélancolique printemps d'ici tardant à descendre dans l'obscurité de ces montagnes : mimosas épineux et rabougris, comme ceux que nous avions une première fois rencontrés. — Et pas d'eau.

Cependant, un campement de deux ou trois familles bédouines est là, dans notre voisinage, sous des tentes noires, nous donnant presque une impression de pays habité, à nous, qui avions l'habitude d'être seuls. Et des chèvres, des chevreaux, qui ont brouté on ne sait quelles imperceptibles aromates, reviennent à leur bercail de laine tissée, conduits par des petites filles.

Elle est étrange, cette heure de tranquillité pastorale, dans un tel lieu — et on frissonne comme à un ressouvenir des plus primitives époques humaines, en écoutant, dans le petit lointain de la plaine fermée, gémir la musette d'un berger.

Après un échange de messages, la confiance s'est établie entre ces voisins et nous. Une petite fille ose même venir jusque sous ma tente offrir du lait de ses chèvres. Elle est bien jolie dans son effarement enfantin et elle ouvre tout grands ses yeux émerveillés; cette tente, éclairée aux bougies et brodée du haut en bas en couleurs très vives, dépasse peut-être ce que son imagination de bébé sauvage avait su concevoir des splendeurs terrestres.

*
* *

Maintenant, c'est la nuit. Au-dessus de la haute muraille de cendre qui barre la moitié du ciel, un croissant mince apparaît comme un trait d'ongle : la première lune du ramadan, une lune qui est presque sacrée sur la terre d'Islam et qui marque, ce soir, le commencement du mois des jeûnes et des prières.

XXI

Samedi 10 mars.

Lorsque notre guide, en frappant dans ses mains, sonne le réveil du camp, il semble qu'il ne fasse pas jour encore. C'est que nous sommes dans l'ombre épaisse de la montagne surplombante; mais le soleil est levé derrière ce rideau de cendre et il éclate déjà sur les cimes lugubres d'en face.

Et nous nous engageons, pour cinq heures d'affilée, dans les gorges du Djebel-Tih.

Finies, les cendres d'hier. Maintenant, ce sont des granits roses, des mondes de granits roses que traversent çà et là, comme de géantes marbrures, des filons de granits bleus. Nous cheminons dans une pénombre et dans un silence de sanctuaire, suivant des couloirs naturels, qui sont comme des nefs d'église agrandies au delà de toute proportion humaine, jusqu'au vertige et jusqu'à l'épouvante. Dans ces défilés, qui ont dû s'ouvrir lors des premières convulsions de la terre, les siècles sans nombre ont créé un sol exquis, en émiettant les cimes, en nivelant ensuite tous les débris tombés d'en haut et les pulvérisant très fin, très fin, pour en faire un sable plus rose et plus brillant que celui des plages. On dirait des rivières de sable, unies et tranquilles, dans lesquelles viennent plonger et mourir tous les piliers, tous les contreforts soutenant les monstrueuses murailles debout. — Il faut de tels lieux, que ni l'homme ni la nature verte n'ont jamais touchés, pour nous faire encore un peu concevoir, à nous très petits et préoccupés de choses de plus en plus petites, ce qu'ont dû être les formations de mondes, les horreurs magnifiques de ces enfantements-là.

Plus aucune plante autour de nous. Nous sommes dans un pays tout rose, marbré de bleu pâle, et la pénombre même, la pénombre un peu souterraine dans laquelle nous mettent tous les granits d'en haut, a pris une vague teinte rosée.

Il y a des allées toutes droites et d'autres contournées à angles brusques. Quelquefois la nef que nous suivons paraît finir; mais elle est coudée seulement dans l'épaisseur de la montagne, elle se continue par une nef nouvelle et pareille. Un silence de mort, naturellement, et des sonorités où s'exagèrent les moindres frôlements de burnous, les moindres murmures de voix.

***

Au tournant de l'un de ces couloirs, nous croisons une tribu nomade qui se déplace. Dans le demi-jour d'en avant, nous voyons tout cela poindre par groupes successifs, comme sortant du flanc des rochers. Nos chameaux, au passage, se flairent et grognent.

Les hommes, qui ont paru les premiers, très armés, sauvages, en haillons, échangent d'abord avec nous le salut fraternel : on se touche soi-même par trois fois, à la poitrine, aux lèvres, au sommet de la tête, et puis, deux à deux, on s'appuie le front l'un contre l'autre en se serrant la main, avec un simulacre de baiser dans le vide. Le salut achevé, les nouveaux venus ont un beau sourire, très doux tout à coup, enfantin, découvrant des dents blanches — et ils passent, rassurés et amis.

Les chamelles débouchent ensuite; elles sont accompagnées de leurs petits, à figure naïve de mouton, qui font des écarts et des sauts en nous voyant venir; elles portent sur leur dos les vieillards, toutes les barbes blanches et les chevelures blanches, tous les visages éteints de la tribu.

Puis, les femmes apparaissent, qui marchent légères et sans bruit, mystérieuses sous de noires draperies de fantômes; en nous croisant, elles lèvent leurs yeux brillants sur nous, elles nous jettent, par-dessous les plis à peine relevés de leurs voiles, comme un éclair noir... Parmi elles, il y a, sur des ânons, les enfants qu'on allaite encore — dans des paniers, avec des petits chiens naissants.

Et enfin, les enfants plus âgés ferment la marche, des petits, des petites, adorables de finesse et de regard, chassant devant eux, avec l'aide des chiens bergers, la multitude bêlante, effarée, des chèvres et des chevreaux.

Noirs, les vêtements dont les femmes sont enveloppées; noirs, les manteaux des hommes; noires comme de l'ébène vernie, toutes les chèvres aux longues oreilles traînantes. Dans la fraîcheur du matin, dans le demi-jour de ces gorges profondes, c'est, sur fond rose et dans une buée rose, un long cortège de figurants noirs, — les grandes bêtes passant d'une allure dandinante, les hommes d'une allure majestueuse et souple, les troupeaux marchant par à-coups, avec des arrêts entêtés qui les groupent tous en une encombrante masse de laine... Tant que ce défilé dure, l'habituel silence est remplacé par des bruits de pas assourdis dans du sable et de voix atténuées sous des voiles. Et les chameaux y mêlent de temps à autre des sons caverneux, tirés du fond du gosier, qui imitent, au milieu de ces parois vibrantes, le grondement d'un petit tonnerre.

La tribu passée, disparue, voici de l'eau, un vrai uisseau qui coule et serpente sur le sable. Il est vrai, c'est une eau chargée de naphte, étoilée à sa surface de taches huileuses; mais elle donne la vie tout de même, — et il y a de l'herbe sur ses bords, des tamarins, de hauts palmiers, comme ceux de l'Oued-el-Aïn, si verts qu'ils en sont bleus; — tout cela, caché très profondément dans les replis des granits roses. Un décor d'Éden, qui dure une demi-heure, avec, pour musique, le chant d'une peuplade de petits oiseaux.

Mais, à un autre tournant des couloirs de pierre, le ruisseau disparaît, et avec lui la verdure enchantée. Nous retombons dans la désolation sèche, silencieuse et morte. Et le soleil, plus haut, commence d'apparaître, dans l'étroit ruban de ciel libre, entre les grandes cimes; il darde sur nous des rayons qui brûlent. — Sans doute, c'était un rêve, tout à l'heure, l'eau fraîche et les palmiers bleus....

Enfin, vers une heure, par une coupure plus large qui s'ouvre sur des espaces vides, — et qui semble être la dernière, la fin du Djebel-Tih, — une bande horizontale commence d'apparaître, lointaine encore, mais d'une teinte particulière, que nous avions presque oubliée dans cette gamme de roses, une bande d'un admirable bleu de lapis : c'est le golfe d'Akabah, et nous sommes arrivés de l'autre côté de la presqu'île Sinaïtique!

La coupure s'élargit toujours; les parois des mornes se séparent, se reculent derrière nous et s'abaissent; nous finissons par arriver tout au bord de cette mer si bleue, dans le désert salin de ses plages.

Contrairement au golfe de Suez, que fréquentent tous les navires du monde, ce golfe d'Akabah ne voit jamais passer une fumée ni une voile. Chemin abandonné depuis un millier d'années, il est à présent une mer perdue, qui s'avance inutilement dans d'impénétrables déserts. Au-dessus de ses caux, sur l'autre rivage, rayonne une chose invraisemblable et merveilleuse, qui est la côte de la Grande Arabie; une chose qui est extrêmement loin et qui semble proche, tant sont nettes les dentelures de ses sommets : on dirait d'un haut mur en corail rose, finement strié de bleu, qui serait debout dans le ciel pour fermer tout l'Orient de la Terre.

Cheminé une heure encore sur la sinistre plage étincelante, cheminé le long de l'infinie bande bleue, surmontée de l'infinie découpure rose qui est le resplendissement désolé de l'Arabie.

Et maintenant une oasis est là devant nous, au bord de l'eau tranquille, des bouquets de palmiers et une construction humaine toute blanche, — chose très surprenante à nos yeux.

C'est le petit poste avancé de N'Nouébia, une citadelle avec un hameau en terre séchée, que gardent, au milieu de ces solitudes, un gouverneur égyptien et une douzaine de soldats.

En approchant de l'oasis, nous nous étonnons beaucoup d'y voir nos tentes, déjà montées parmi les palmes. Nous avions cependant recommandé à nos Bédouins d'allonger le plus possible l'étape d'aujourd'hui, et il est à peine trois heures, beaucoup trop tôt pour camper... Voici du reste le cheik de notre caravane qui revient au-devant de nous avec des gestes déçus : c'est le caïmacam (le gouverneur) qui l'a arrêté au passage et obligé de camper là, pour nous garder tous jusqu'à demain matin !

— Où est-il, ce caïmacam?

— Là-bas,dans la citadelle!

Les soldats de garde, qui sont des Arabes parfaitement beaux dans de longs voiles, me répondent qu'il repose; il dort, parce que nous sommes en ramadan depuis hier et que les premières journées de jeûne l'ont fatigué beaucoup...

On le réveille tout de même, tant mon indignation est peu contenue. Et il arrive. C'est un vieux petit être grotesque et laid, dans un semblant de costume européen; parmi ses beaux soldats drapés, il paraît un singe en jaquette. Il est un de ces fonctionnaires, mal frottés de vernis moderne, comme on en rencontre tant, hélas! dans le Levant, et qui feraient méconnaître, prendre en grippe les nobles races orientales. Déjà désagréables dans les pays fréquentés, ces petits personnages deviennent, au désert, des roitelets qui, au lieu de protéger les caravanes, les arrêtent et les rançonnent, leur sont plus nuisibles que les brigands ou les bêtes.

Dehors, sur le sable ardent, devant le porche éclatant de chaux blanche, nous avons tous deux une discussion violente, au milieu du cercle des soldats en burnous. C'est à notre bourse qu'il en veut tout simplement; s'il nous garde, c'est pour avoir l'occasion de nous fournir par force des sentinelles de nuit et de nous les faire payer très cher... Et il représente, en somme, l'autorité d'un grand pays; il pourrait nous faire poursuivre, nous créer des difficultés nouvelles, dans l'inconnu des jours suivants; donc, il faut le ménager. Je lui propose enfin de payer les sentinelles de nuit tout de même, en y ajoutant un pourboire en plus, s'il nous laisse immédiatement partir, — et il accepte le marché.

Mais la discussion nous a fait perdre une heure, et il est bien tard à présent pour replier nos tentes, nous remettre en route...

Nous resterons donc, de bonne volonté maintenant, les prisonniers de cet imbécile jusqu'à demain matin, et nous accepterons ses inutiles veilleurs.

A vrai dire, c'est un emprisonnement délicieux,

car N'Nouébia est une oasis de calme et de splendeur.

Le village arabe, aux maisonnettes de terre séchée, est un peu loin de nous, derrière la citadelle, et notre petite ville de toile a été posée sur un sable fin, près de la mer. La plage est semée de corail rouge, de grands bénitiers, de grandes coquilles couleur de chair ou couleur de fleur de pêcher pâle.

Le soir vient; les eaux immobiles du golfe sont tout en nacre verte, avec des luisants de métal, des reflets de gorges d'oiseaux rares; et, au-dessus, les granits roses d'Arabie — mais roses d'un rose que les mots n'expriment plus — montent jusqu'au milieu d'un limpide ciel vert, que traversent des petites bandes de nuages orange.

Aucune des magnificences lumineuses que mes yeux avaient vues jusqu'à ce jour sur la Terre n'approchait encore de celle-ci...

Maintenant le soleil est caché pour nous derrière les montagnes du rivage où nous sommes; mais la Grande Arabie d'en face, sans doute, le voit toujours, car elle luit comme un feu de Bengale; elle est un chaos de braises vives, de charbons roses, entassés en muraille dans le ciel déjà assombri, tandis que la mer déserte, à ses pieds, semble devenue une chose éclairante par elle-même, peut-être une plaine d'émeraude illuminée par en dessous.

Et, en avant de cette fantasmagorie immense, qui s'en va toute pareille, comme une bande infinie, jusqu'au fond des lointains, les palmiers, plus sveltes en silhouettes, découpent leurs plumes très légères.

Nos veilleurs arrivent, graves et beaux, visages presque divins sous les voiles blancs et les torsades de laine noire; silencieux, parce que l'heure du saint Moghreb approche, ils s'asseyent par groupes sur le sable, devant les branchages qu'ils allumeront pour la nuit — et ils attendent...

Alors, tout à coup, du haut de la petite citadelle solitaire, la voix du muezzin s'élève, une voix haute, claire, qui a le mordant triste et doux des hautbois, qui fait frissonner et qui fait prier, qui plane dans l'air d'un grand vol et comme avec un tremblement d'ailes... Devant ces magnificences de la terre et du ciel, dont l'homme est confondu, la voix chante, chante, psalmodie au dieu de l'Islam, qui est aussi le dieu des grands déserts...

Puis, la nuit descend, dans des transparences bleuâtres où, là-bas, les granits d'Arabie tardent encore à s'éteindre. Et les petits feux de branches s'allument autour de nous, éclairant çà et là des dessous de dattiers, des envers de palmes et des veillées d'Arabes assis en rond sous le grand dôme nocturne tout scintillant de points d'or...

Et enfin, la voix du muezzin s'élève une seconde fois, plus belle et d'un plus haut vol de prière, — au moment où nous allons perdre conscience de la vie, étendus dehors, à la brillante étoile, sur le sable endormeur...

XXII

Dimanche, 11 mars.

Nous nous levons de bon matin pour faire aujourd'hui longue étape et rattraper le temps perdu. Au petit jour déjà, nos Bédouins s'agitent autour de nous sous les hauts palmiers. Devant les feux qui ont brûlé toute la nuit, nos gardes magnifiques sont debout dans leurs voiles blancs et leurs manteaux noirs. Les enfants du village se tiennent là, eux aussi, avec quelques femmes voilées qui regardent : dans les mémoires, sans doute, l'événement de notre passage demeurera gravé.

Quand, devant nous, viennent s'agenouiller nos dromadaires, nos gardes s'approchent pour nous serrer la main et nous réclamer, comme des enfants, d'exorbitantes récompenses. Mais ils sourient eux-mêmes de leurs demandes inadmissibles, qui se mêlent à leurs souhaits de bon voyage, tandis que nos grandes bêtes se relèvent et nous emportent.

*
* *

En route, le long de la mer, — et, sitôt disparue la petite oasis charmante, le grand désert nous ressaisit.

Tout ce qui, hier au soir, flambait rouge s'est éteint et s'est changé. La côte de la Grande Arabie s'est reculée, reculée au fond d'inappréciables lointains ; d'avoir tant flambé la veille, elle se repose à présent dans une exquise fraîcheur matinale, à demi cachée sous d'humides vapeurs. Elle n'est plus teintée que de gris perle ou de gris de lin, — tout ce qu'il y a d'atténué, d'indécis et de diaphane ; sa crête seule, sa dentelure d'en haut se dessine un peu nettement et des flocons de nuages y demeurent accrochés comme des ouates légères, de tout petits flocons, d'un blanc doré très éclatant, qui semblent concentrer en eux toute la lumière de ce discret matin aux nuances voilées.

Par contraste avec ces choses nébuleuses et grises, la rive où nous cheminons, entre les grands mornes et la mer, commence à éblouir nos yeux, et ses plages étincellent.

L'air est enivrant à respirer ; il semble que la

poitrine s'élargisse pour mieux s'emplir. On est comme retrempé de vie plus jeune, de joie physique d'exister...

Cette mer, si calme et si doucement réfléchissante, le long de laquelle nous marchons sur un sable fin semé de corail rouge, est sans un port et sans une voile ; dans toute son étendue, mer déserte environnée de déserts. Mais c'est la mer quand même ; on a beau la savoir vide à l'infini, on s'en rapproche d'instinct comme d'une source vitale ; auprès d'elle, ce n'est plus la désolation sinistre et morte du désert terrestre...

A mesure que le soleil monte, l'Arabie d'en face se précise, sort de ses voiles du matin ; ses nuances s'avivent et s'échauffent — pour en arriver progressivement au grand incendie splendide qui sera la fantasmagorie du soir.

Maintenant, nous marchons sur des coquilles, des coquilles comme jamais nous n'en avions vu. Pendant des kilomètres, ce sont de grands bénitiers d'église, rangés par zones ou entassés au gré du flot rouleur ; ensuite, d'énormes *strombes* leur succèdent, des strombes qui ressemblent à de larges mains ouvertes, d'un rose de porcelaine ; puis viennent des jonchées ou des monceaux de *turritelles* géantes, et la plage, alors toute de nacre blanche, miroite magnifiquement sous le soleil. Prodigieux amas de vies silencieuses et lentes, qui ont été rejetées là après avoir travaillé des siècles à sécréter l'inutilité de ces formes et de ces couleurs...

Je me rappelle que, dans mes songes de petit enfant, à une époque transitoire où j'étais passionné d'histoire naturelle, je voyais parfois des plages exotiques semées d'étonnantes coquilles ; il n'y avait qu'à se baisser pour ramasser les espèces les plus belles et les plus rares... Mais cette profusion dépasse tout ce qu'imaginait mon esprit d'alors.

En souvenir sans doute de ces rêves d'autrefois ou bien par enfantillage encore, il m'arrive de faire agenouiller mon dromadaire et de descendre pour regarder ces coquilles. En plus des trois espèces que j'ai nommées et qui couvrent les plages de leurs débris, on trouve aussi les *cônes*, les *porcelaines*, les *rochers*, les *harpes*, toutes les variétés les plus délicatement peintes et les plus bizarrement contournées, la plupart servant de logis à des *Bernard-l'ermite* et courant à toutes petites jambes quand on veut les toucher. Et, çà et là, de gros blocs de corail font des taches rouges parmi ces étalages multicolores ou nacrés.

*
* *

Vers midi, le resplendissement est à son comble. L'ensemble des choses visibles ne ressemble plus à rien de connu. On croirait assister à quelque grand spectacle silencieux des premiers âges géologiques, — sur la Terre peut-être ou bien ailleurs... L'ensemble des choses est rose, mais il est comme barré en son milieu par une longue bande infinie, presque noire à force d'être intensément bleue, et qu'il faudrait peindre avec du bleu de Prusse pur légèrement zébré de vert émeraude. Cette bande, c'est la mer, l'invraisemblable mer d'Akabah ; elle coupe le désert en deux, nettement, crûment ; elle en fait deux parts, deux zones d'une couleur d'hortensia, d'un rose exquis de nuage de soir, où, par opposition avec ces eaux aux couleurs trop violentes et aux contours trop durs, tout semble vaporeux, indécis à force de miroiter et d'éblouir, où tout étincelle de nacre, de granit et de mica, où tout tremble de chaleur et de mirage...

L'une de ces zones, c'est la côte d'en face, la Grande Arabie Déserte, là-bas, tout en granit carminé, prodigieuse muraille de mille mètres de haut qui se tient debout dans le ciel et qui fuit au fond des lointains légers.

L'autre zone, c'est la plage où nos dromadaires cheminent, toute de sable rose, de corail, de coquilles nacrées ; et ce sont les mornes de cette rive, du même granit que ceux de la rive inverse et de la même nuance de nuage ou de fleur.

Oh! l'étrange et unique mer, cette mer d'Akabah, jamais sillonnée de voiles, éternellement silencieuse, éternellement chaude, couvant son monde de coraux et de coquilles dans ses eaux trop bleues, entre le rose inaltérable de ses bords déserts et presque terrifiants, où l'homme n'apparaît que fugitif, inquiet, rare, en veille continuelle sur sa vie...

***

Pour la halte méridienne, nous posons notre tente et nous jetons nos tapis sur des milliers de coquilles amoncelées, — de quoi remplir des vitrines de collectionneurs.

Puis, après un lourd sommeil, nous reprenons notre route dans de la lumière toujours plus dorée, toujours plus rose. Le matin, nous avons marché cinq heures et nous marchons quatre heures encore, le soir, à travers les mêmes magnificences. A mesure que nous avançons, la mer d'Akabah se resserre davantage et l'Arabie d'en face se fait plus voisine.

Et toute l'après-midi, une bergeronnette égarée me suit obstinément dans l'ombre même de mon chameau, voletant et piaulant entre les hautes pattes rousses; son cri et le piétinement de la caravane sur les coquillages semblent presque de grands bruits au milieu de ce monde de splendeur et de silence.

Nous campons, à l'heure crépusculaire, sur une plage où nos chameaux trouvent à brouter de maigres plantes.

Et, à peine ma tente montée, la bergeronnette apparaît à la porte, comme demandant à entrer et à manger, cherchant protection contre le désert, très gentiment hardie...

Nous sommes tout près de la mer, dans un lieu resserré que les grands mornes de cette rive écrasent et mettent déjà dans l'ombre obscure, tandis qu'en face, au delà des eaux devenues couleur de queue de paon, ce chaos de granit, qui est l'Arabie, n'a pas encore achevé sa fantasmagorie des soirs: entre une mer verte et un ciel vert, s'étendent des montagnes dont les bases sont d'un violet de robe d'évêque et les cimes, d'un rose orangé, — mais un rose invraisemblable, inexpliqué, persistant après le soleil disparu comme si du feu couvait à l'intérieur, comme si tout allait être en fusion prochaine, comme si la grande fournaise des origines cosmiques s'était rallumée pour des cataclysmes et des fins de monde...

Cependant, il y a partout un calme, un silence, un apaisement confiant des hommes et des choses indiquant que ces splendides épouvantes ne sont que jeux de lumières et mirages, ne sont qu'apparences, ne sont rien...

***

Comme on le sent sauvage, ce lieu, dès que la nuit mystérieuse arrive! Combien notre petit camp nomade est isolé, ici, du monde contemporain!

Derrière nous, les mornes de granit sont devenus des écrans tout noirs, bizarrement et durement tailladés, qui se dressent contre le ciel d'étoiles, — et un mince croissant de lune orientale, les deux pointes en l'air, est posé au-dessus comme le sceau farouche de l'Islam...

L'Arabie pourtant s'est éteinte; au delà des eaux, qui commencent à bruire sous le vent de la nuit, elle n'est plus qu'une bande grisâtre, subitement reculée très loin. Nos chameaux, craintifs de l'obscurité et des bêtes rôdeuses, sont venus s'agenouiller autour de nos feux; nos Bédouins — fantômes blancs ou noirs que l'on distingue encore dans la transparence nocturne — font pieusement leur dernière prière avant le sommeil, prosternés sur le sable de cette plage perdue. Et le vent, tout à coup plus fort et plus froid et plus âpre, commence à tourmenter nos tentes...

XXIII

Lundi 12 mars.

Nos chameaux projettent encore sur le sable et la nacre des ombres très longues ; la Grande Arabie d'en face est encore enveloppée de ses ouates discrètes, quand nous nous mettons en route, aux heures délicieusement fraîches du matin.

Nous avons fait hier de cinquante à soixante kilomètres. Aujourd'hui, pour atteindre Akabah, — la ville unique qui commande à ces régions et où s'arrêtent les caravanes saintes, — il nous reste encore une soixantaine de kilomètres à parcourir, dans une splendeur toujours pareille, sur les mêmes tranquilles plages du désert, sur les mêmes coquilles amoncelées, le long de la mer sans navires, qui n'a de vivant que nous sur ses bords.

Tout est aujourd'hui comme la veille ; nous respirons le même air vivifiant et suave; la couleur des eaux est de la même intensité bleue; les sables sont rougis du même corail, étincelants des mêmes nacres perdues; et l'Arabie passe par les mêmes teintes, d'heure en heure plus belles et plus chaudes, — jusqu'à l'instant final où les merveilles du soir seront déployées, comme hier, comme avant-hier, comme depuis le commencement des âges... C'est ici la contrée prodigue de feux, où chaque jour se jouent des féeries de lumière que personne ne regarde.

Il semble que l'atmosphère soit infiniment ténue, presque absente, tant on voit loin et clair; on se trompe sur les distances, on ne sait plus apprécier rien. De chaque côté de la mer, les deux murailles symétriques de granit se déroulent; avec lenteur, à mesure que chemine la caravane, les sommets, les caps des deux rives se succèdent, aussi nettement dessinés au loin qu'auprès et gardant néanmoins des aspects à moitié chimériques, à force d'être éblouissants, sous ces buées de lumière qu'un petit tremblement de chaleur sans cesse agite. La mer seule, la mer au bleu trop bleu, aux contours trop durs, semble une chose vraiment réelle et tangible; mais on la dirait comme suspendue dans le vide, au milieu de cette espèce de grande nuée, de grande vision rose — qui est l'effroyable et rigide chaos granitique du désert...

Vers trois heures, sur une petite île voisine du rivage, nos yeux déshabitués des constructions humaines perçoivent avec étonnement les ruines d'une citadelle, aux créneaux noirs, d'aspect sarrasin. C'était autrefois, paraît-il, un couvent de moines solitaires, dans le genre du couvent du Sinaï; mais depuis cent ans cette retraite a été abandonnée.

La mer se rétrécit toujours à mesure que nous allons vers son extrémité, et la côte de la Grande Arabie se fait de plus en plus proche, sa muraille de granit s'élève aussi haut dans l'air que celle de la rive où nous sommes.

Cette ville d'Akabah, vers laquelle nous marchons depuis six jours, il nous tarde de la voir. C'était jadis l'Eziongaber, où vint débarquer la reine de Saba et d'où les flottes du roi Salomon faisaient voile pour la lointaine Ophir. Plus tard, ce fut l'Ælana des Romains, encore florissante il y a à peine deux mille ans. Maintenant ce n'est même plus un port, les navires, depuis des siècles, en ont oublié le chemin et l'Islam y a jeté son grand sommeil; ce n'est plus, dit-on, qu'une sorte de vaste caravansérail où les pèlerins de la Mecque campent et s'approvisionnent en passant; mais, d'après les récits de quelques modernes voyageurs, ce serait encore la ville aux portes festonnées d'arabesques, la ville des beaux costumes, des burnous rouges et des fantasias magnifiques.

D'ailleurs, sur l'autre rive, commence à apparaître une ligne d'arbres, de palmiers sans doute,— une longue raie verte, surprenante au milieu des monotonies roses, — et c'est là, paraît-il, l'oasis isolée où cette ville est bâtie; dans deux ou trois heures, nous y planterons nos tentes.

Au croisement de deux petites vallées silencieuses et vides, est un point idéalement triste, où notre caravane passe, — et je veux essayer de noter ce carrefour sans nom du désert. Au bord de la plage, viennent finir ensemble ces deux vallées de la mort. La mer, toujours de son même bleu de Prusse violent, continue d'être la seule chose qui semble vraiment existante et réelle, au milieu du vague pays rougeâtre ou rose, comme saupoudré de cendre, trouble à force de miroitements et de lumière. Mais, par exception, des arbres sont là, et ils apportent je ne sais quelle indicible tristesse de plus dans ce morne ensemble; deux ou trois sveltes palmiers-dattiers et d'étranges palmiers-doums, au tronc multiple, étendant de longues branches folles qui portent chacune un bouquet d'éventails jaunis; plantes d'aspect antédiluvien, immobiles au soleil, sur le fond cendré et comme vaporeux des sables, des granits roses... Une cigogne solitaire, qui sommeillait là posée, ouvre ses ailes pour nous suivre, et toujours la bergeronnette d'hier vole dans mon ombre et m'accompagne...

Encore une heure de marche sur ces plages, et pourtant voici le fond de l'interminable golfe que nous longions depuis trois journées. L'eau bleu de Prusse décrit une courbe, s'infléchit sur les sables en une sorte de grand cercle terminal, que nous contournons pour passer enfin sur cette autre rive où l'oasis d'Akabah nous attend.

Mais, si la mer finit, les deux murailles de montagnes qui l'enserraient ne finissent pas; elles continuent de se prolonger, parallèles, vers le nord, jusqu'aux derniers lointains visibles; seulement, au lieu d'enfermer de l'eau, elles n'enferment plus que des sables, — et le golfe d'Akabah se continue par une sorte de large vallée infinie, majestueusement vide, où croissent quelques genêts, quelques palmiers-doums, quelques longs dattiers solitaires.

Cette vallée est le commencement du désert de Pétra. Nos chameliers déjà se sentent inquiets, en pénétrant sur le territoire du grand cheik.

Cependant nous approchons d'Akabah, qui semble n'être qu'un bois de palmiers, silencieux comme le désert d'alentour. Pas une maison dans les arbres, personne aux abords, personne sur la plage et pas une barque sur la mer; mais des ossements partout, des crânes de bêtes, des vertèbres jonchent le sable.

C'est l'heure du soir, l'heure d'or. Sur les troncs des palmiers en gerbes, ou sur les longues tiges penchées de ceux qui croissent isolés, l'or est répandu sans mesure, tandis qu'il y a déjà de l'obscurité crépusculaire dans les lointains, dans les dessous de ce bois funèbre et beau.

Nous pénétrons là dedans, et la voûte magnifique des palmes nous met subitement dans l'ombre. Toujours personne, pas un mouvement, pas un bruit; mais des petits murs, vieux et croulants, en terre battue mêlée de cailloux, de crânes et de vertèbres, forment des enclos, dessinent des allées que nous suivons au hasard. Et c'est là Akabah, la grande ville de ces régions !... Cependant voici quelques êtres humains, des Bédouins campés dans les enclos, sous des tentes grisâtres, et nous regardant passer avec des curiosités nonchalantes. Par des éclaircies, à travers l'enchevêtrement noir des palmes, on aperçoit, au-dessus de tout, la magnificence du ciel et, comme dans une lueur d'apothéose éloignée, le chaos des granits roses qui flamboient...

Finalement nous arrivons à une sorte de place centrale, où il y a pourtant une citadelle, des maisons et des hommes. Et nos tentes, qui nous ont précédés, sont là qui se montent, sous les regards curieux ou défiants. Sur la citadelle flotte, en notre honneur sans doute, le pavillon rouge avec le croissant. Les maisons, toutes basses, construites en boue séchée, ont des aspects sauvages de tanières. Le petit rassemblement qui nous examine est composé de quelques soldats réguliers de Turquie et d'Arabes superbes, le manteau noir jeté sur les vêtements blancs, le voile retenu au front par des cordelières noires ou des cordelières d'or. Quand nous mettons pied à terre, les soldats turcs viennent à nous, l'air accueillant et bon ; alors je leur parle la langue de Stamboul, je leur serre la main, heureux de les trouver là et d'entrer en pays ami.

Puis on m'amène un homme du cheik de Pétra, qui avait été posté depuis la veille pour nous attendre et qui doit repartir cette nuit même, afin d'avertir de notre arrivée ce grand détrousseur :

— Prie le cheik Mohammed-Jahl, lui dis-je, de venir dès demain et d'amener vingt hommes et vingt chameaux que je lui louerai pour traverser son pays...

— Des chameaux, des chameaux ! répète drôlement, en français, notre interprète qui n'a toujours pas confiance, *je sais pas quels chameaux qu'il portera, moi !... Peut-être qu'il n'aura seulement pas de robe dans son figure !...* Lisez : « Peut-être qu'ils n'auront seulement pas le harnais de tête, la petite muselière par laquelle on les conduit... »

Et il ajoute, cet homme sceptique et de mauvais présage, que le caïmacam, c'est-à-dire le gouverneur turc d'Akabah, compte sur ma visite dès demain matin pour m'entretenir de choses graves, probablement pour m'interdire la route de Pétra.

***

Notre camp monté, les curiosités satisfaites, les groupes dispersés, nous nous retrouvons seuls, au dernier crépuscule, dans un calme d'absolu abandon.

Un peu anxieux de ce que va être cet entretien de demain matin, je regarde, assis devant ma tente, finir le merveilleux soir et tomber la nuit...

Presque subitement, sur tous les points du ciel à la fois, les étoiles apparaissent. Et le croissant, pourtant bien svelte encore, déjà nous éclaire. Au delà des maisonnettes tristes et sauvages, de terre et de boue, tout le désert gris rose, toute la superposition des dunes de sable et des montagnes de granit, monte, monte invraisemblablement haut sur ce ciel scintillant et pur, semble diaphane, semble une grande vision de néant, très douce, incompréhensible presque, et sans perspective. Sur ce rien immense, qui paraît avoir une inconsistance de nuage, cheminent lentement et sans bruit quelques fantômes, drapés de blanc encore éclatant ou de noir encore intense, taches violentes sur l'indécise douceur de tout : pâtres de chameaux attardés qui redescendent vers l'oasis, ramenant dans les clôtures de grandes bêtes que la lune agrandit davantage, et qu'on dirait inconsistantes aussi, comme l'étendue dont elles partagent la vague couleur...

Aux premiers plans de la vue, sur cette petite place d'Akabah où nos tentes sont dressées, gisent des amas de formes noirâtres, distinctes malgré la nuit, — tout ce que nous avons amené de bêtes, de gens et de choses dans cette lointaine oasis : chameaux endormis, chacun la tête plongée jusqu'aux yeux dans une musette qui ui fait comme un long nez de tapir; Bédouins accroupis ou étendus qui, sans parler, fument et rêvent ; harnais, couvertures, ballots et sacs de caravane...

Et, derrière moi, le rideau noir des palmiers aux grands bouquets de plumes, masquant la plage déserte où la mer chante faiblement dans un infini de silence...

Elle m'attire, cette plage et je vais chercher Léo dans sans tente pour qu'il vienne avec moi s'y promener.

D'abord il faut traverser les ténèbres du bois de palmes, par les sentiers sablés, entre les petits murs des enclos. Recueillis comme au seuil d'un temple, nous pénétrons sous la futaie obscure, très arabes et très blancs l'un et l'autre, dans l'ampleur légère des voiles de laine que des cordes attachent sur nos fronts, même un peu fantômes, avec notre marche qui ne s'entend pas, en babouches sur l'épaisseur des sables. Il y a dans ce bois un arome spécial, un air tiède qui sent la mer, le désert et le sauvage. Au-dessus de nos têtes, il passe des bouquets de rigides plumes noires qu'aucune brise n'agite, qui, l'un après l'autre, à mesure que nous marchons, se découpent sur le ciel scintillant et clair, sur le croissant d'or.

Et voici la plage, encore rose comme s'il faisait jour; — et vide, et déserte, il va sans dire! Le long de ses bords, se déploie le bois mystérieux et magnifique, y jetant de la nuit plus profonde; les petits murs, de terre mêlée d'ossements, suivent la courbe des grèves et enferment tout ce grand sanctuaire d'arbres; mais çà et là quelque tige, séparée de la futaie droite, penche au dehors sa gerbe de plumes, dont l'image confuse se reflète renversée dans l'eau. La mer semble partout entourée par les bleuâtres montagnes, semble fermée comme un lac; elle est très diaphane, à cette heure nocturne, la mer sans navires, très vaporeuse et spectrale dans des indécisions grises; sous la lune cependant, elle brille d'une pâle traînée de paillettes. De l'ensemble et du silence des choses se dégage un enchantement sombre. Ce n'est pas l'enivrement languide des nuits tropicales; c'est bien autre chose de plus oppressant et de plus occulte : c'est la tristesse innomée des pays musulmans et du désert. L'immobilité de l'Islam et la paix de la mort sont épandues partout... Et il y a un charme très indicible à se tenir là, muets et blancs comme des fantômes, à la belle lune d'Arabie, sous les palmiers noirs, devant la mer désolée qui n'a ni ports, ni pêcheurs, ni navires...

XXIV

Mardi 13 mars.

La mauvaise journée. — Je me rends, le matin, chez le caïmacam, inquiet de bruits qui me sont revenus au sujet de ses intentions sur nous.

Le kamsin souffle, brûlant, charrie du sable et des sauterelles.

Un semblant de petite rue mène chez ce caïmacam, entre des taupinières sauvages, en terre battue, couleur du sol. Sa maison est en terre battue comme les autres; on m'y fait entrer dans une salle, basse de plafond, qui sent bien son désert : murs irréguliers, grossièrement badigeonnés de chaux; troncs de palmier pour solives, palmes séchées pour toiture.

Paraît le caïmacam, un Turc à barbe grise, souriant, poli, distingué, mais d'expression entêtée, qui peut, en ce lieu sans communications, jouer avec nous comme un chat avec des souris. Il a sous sa main trois cents réguliers turcs pour se faire obéir, et, d'ailleurs, nous ne pouvons pas nous mettre en rébellion ouverte contre une autorité ottomane.

— Aller à Pétra? dit-il, — non, on n'y va plus. Depuis un an, l'Égypte a cédé ce territoire à la Turquie et il faudrait, pour passer par là, une autorisation du pacha de la Mecque, de qui relève à présent ce désert. Or, cette autorisation, nous ne l'avons pas. D'ailleurs, ce serait trop dangereux pour nous, car les tribus sont révoltées dans le Nord ; on se bat du côté de Kérak, et le gouvernement vient de diriger sur ce point trois mille réguliers de Damas.

Je lui propose alors d'envoyer, par chameau, un messager rapide, au Caire, demander à S. E. Mouktar-pacha la faveur d'une autorisation spéciale pour nous, et nous attendrions la réponse ici même, pendant douze ou quinze jours.

Il refuse encore cet expédient extrême : les étrangers, dit-il, ne peuvent à aucun titre séjourner plus de vingt-quatre heures à Akabah.

Nous allons donc repartir demain pour Suez, d'où nous sommes venus, et y retourner par le même chemin; c'est là sa conclusion obstinée...

Évidemment, il craint pour nos têtes et ne veut pas engager sa responsabilité. Peut-être aussi a-t-il de nouveaux ordres secrets pour tenir cette route fermée à certains étrangers subversifs, et il fait exécuter la consigne même pour nous, ignorant à quel point nous sommes des amis de la Turquie.

Nous avions prévu tous les ennuis, toutes les difficultés pour ce passage par Pétra à un moment de trouble, — tout, excepté une interdiction officielle du gouvernement du sultan ; d'autant moins que personne au Caire, pas même les aimables pachas qui avaient bien voulu s'inquiéter de notre voyage, ne nous avait dit que Pétra dépendait maintenant de la Turquie.

Je rentre navré sous ma tente. — Et Mohammed-Jahl, qui nous arrive cette nuit, que nous aurons dérangé pour rien, et qui va sans doute nous rançonner en conséquence!...

Le kamsin souffle plus brûlant; nos tentes sont pleines de sable et de mouches. Et les gens d'Akabah, ayant eu vent de nos démêlés avec le caïmacam, commencent à nous regarder comme des suspects.

Nous n'avons vraiment plus qu'une ressource, c'est Mohammed-Jahl lui-même. Une idée nous vient de nous mettre entièrement entre ses griffes : faire semblant de retourner à Suez et lui dire de venir avec ses Bédouins nous prendre à deux ou trois jours de marche d'ici, pour nous ramener dans son désert. Mais y consentira-t-il, et à quel prix? Et alors, ayant violé le territoire turc malgré défense, nous n'aurions plus aucun appui à attendre de personne; que ferions-nous si, par exemple, nous tombions sur les trois mille réguliers de Kérak, qui vraisemblablement nous renverraient prisonniers à ce même caïmacam d'Akabah?...

Cependant, tout, plutôt que de retourner piteusement à Suez! — Et ce cheik de Pétra, dont nous nous méfiions d'abord, voici que nous l'attendons aujourd'hui presque comme un sauveur...

A l'heure du Moghreb, nous assure-t-on, il fera son entrée parmi nous...

Dans l'après-midi, le caïmacam vient me rendre ma visite sous ma tente. Malgré la chaleur, il est vêtu d'un long caftan de drap vert, fourré de martre. Toujours très courtois, il s'excuse encore d'être obligé de faire exécuter une consigne si nouvelle, mais il reste inflexible, nous accordant seulement un sursis de départ d'un jour de plus.

⁂

Au déclin de la chaleur et du soleil, je m'en vais mélancoliquement vers le rivage.

Elle est, comme hier au soir, exquise et désolée, la plage du désert.

Une lumière d'Éden, une lumière d'enchantement et de féerie rayonne partout sur le gigantesque amphithéâtre de granit rose, où vient mourir la mer de lapis, la mer abandonnée et vide éternellement. Le rideau des magnifiques palmiers verts s'agite au souffle du kamsin; les petits murs de terre battue, piqués d'ossements blanchis, tibias ou mâchoires, s'émiettent de chaleur et de sécheresse. Sur le sable, il y a des rameaux de corail, un semis de coquilles rares. Et, naturellement, pas une barque en vue, pas un être humain. Au milieu de cette splendeur d'apothéose, rien qu'une fétide carcasse de chameau, qui gît le ventre vidé, montrant ses vertèbres, dans une pose contournée, avec un geste immobilisé de pattes en l'air... Toujours le silence, toujours la paix de la mort, et toujours l'oppression des immenses déserts d'alentour...

A l'heure du Moghreb, le grand cheik n'est pas

encore venu. Il arrivera sûrement dans la nuit, nous dit-on, et nous continuons de l'attendre avec une anxieuse impatience.

Après notre dîner distrait, le caïmacam nous envoie demander permission de nous faire une seconde visite. Nous répondons oui, espérant qu'il va fléchir. Il arrive, précédé d'un grand fanal de cérémonie, s'assied, cause en turc de choses quelconques, — très aimable toujours, — et se retire sans avoir dit un mot de la question brûlante.

A la nuit, à neuf heures, je retourne seul sur la plage, passant par un petit sentier qui descend et qu'encombrent tous nos Bédouins, tous nos chameaux endormis; pauvres gens et pauvres bêtes, dont les figures nous étaient déjà familières et qui, demain matin, vont repartir, nous livrant aux inconnus que ce Mohammed-Jahl amène!...

La mer fait son bruit discret du soir. Le mince croissant de la lune du ramadan brille là-haut parmi les étoiles. L'échappée du large ne se voit plus, et la baie a repris son air de lac fermé, dans les grisailles voilées et les transparences qui trompent les yeux.

Deux soldats turcs sont là, dans l'ombre du rideau de palmiers, assis ensemble sur une pierre.

Et nous causons. — A Akabah, ils se sentent aussi exilés que moi-même. Ils me proposent de nous promener tous trois sur le sable, au vague clair de lune, le long des palmiers superbes et noirs.

Ils sont de Smyrne et ils sont frères; au pays, ils ont laissé deux autres frères plus jeunes. Leur exil, commencé depuis dix-neuf mois, doit durer deux années; une fois l'an, un bâtiment turc vient ici relever la garnison et, à son prochain voyage, dans cinq mois, ce bâtiment les rapatriera...

Une odeur de cadavre, tout à coup... Ah! nous approchions du chameau mort, le seul habitant de cette plage; voici qu'on distingue confusément sa pose et son geste de pattes, à la lueur de cette lune si nouvelle. — Et nous rebroussons chemin. « Il n'y a pas sept jours qu'il est tombé là, me disent-ils; mais déjà les chiens, les chacals l'ont presque tout mangé. »

Je promets aux deux frères de venir encore demain soir causer *du pays* avec eux sur la plage. Et je rentre sous ma tente me coucher sans avoir sommeil, m'attendant d'un instant à l'autre à l'arrivée du cheik, qui décidera notre sort.

XXV

Mercredi, 14 mars.

Vers trois heures du matin, un signal de trompettes part de la citadelle turque, — une sonnerie grêle, tremblante, traînante, étrangère, qui s'envole au milieu des fraîches tranquillités nocturnes... Oh! les trompettes de Stamboul, comme je me les rappelle, en entendant cela!... Je sais ce que c'est, du reste : nous sommes en ramadan, et on prévient les fidèles que l'heure est revenue du jeûne et des prières.

Peu après, un petit tambour, ou un tam-tam de bois sec, commence à battre dans le lointain, puis s'approche de notre camp, dont il fait le tour... Oh! comme il sonne sauvage, sauvage et triste, dans ce silence des nuits d'ici, aux vibrations prolongées par tout l'environnant désert... Lentement, il frappe ses coups, trois par trois, — plan, plan, plan! — plan,

plan, plan! — et sa lenteur même cause l'indéfinissable frisson des rythmes inconnus...

Mohammed-Jahl, sans doute, qui arrive! Avec une telle musique, ce ne peut-être que lui. Et je sors de ma tente, demandant aux veilleurs :

— Qu'est-ce que c'est?

— Rien, me répondent-ils; ce n'est qu'une batterie de ramadan, — pour le recommencement des prières, comme tout à l'heure ces trompettes...

Plan, plan, plan! — plan, plan, plan! — avec ce son de bois mort, il tourne deux fois autour de nos tentes, et puis s'en va continuer sa ronde dans les sentiers noirs de l'oasis, où bientôt son bruit achève de s'éteindre...

Une heure encore passe. Et alors j'entends nettement des chameaux qui arrivent, des chameaux que l'on fait s'agenouiller en leur criant : « Cs! Cs! »; puis des gens qui descendent, qui s'approchent et avec lesquels nos veilleurs échangent de cérémonieux salamalecs, — tandis qu'une voix prononce avec effarement, tout bas, le nom de Mohammed-Jahl. — Cette fois, c'est bien lui, et je m'attends à voir s'ouvrir la porte de ma tente... Mais, soudain, vaincu par le sommeil, je perds conscience de toutes les choses humaines...

VI

C'était bien Mohammed-Jahl, en effet; mais il avait poussé la délicatesse jusqu'à ne pas vouloir qu'on me réveillât pour lui, et, informé par notre guide de nos ennuis imprévus, il avait profité du vieil usage de faire nuit blanche en temps de ramadan pour aller, dès trois heures du matin, plaider notre cause auprès du caïmacam, — sans succès du reste...

C'est le guide-interprète qui vient me rendre compte de ces choses et me prévenir que maintenant (huit heures du matin) le grand cheik demande à être introduit sous ma tente.

Il arrive la main tendue et le sourire aux lèvres,

suivi de deux jeunes hommes, son fils et son neveu; il accepte un fauteuil et s'assied avec une grâce de seigneur, — tandis que j'envoie dire à mes deux compagnons de route que j'ai chez moi le croquemitaine du désert.

Une figure fine et superbe de vieux brigand. Tout gris de barbe et de sourcils; un profil de camée; des yeux étincelants qui, d'une seconde à l'autre, peuvent être impérieux et cruels ou bien caressants et doux. Il est habillé d'une robe en soie de Brousse rouge semée de flammèches jaunes, dont les manches pendantes touchent presque la terre; sur ce premier vêtement, une grossière chemise bédouine en toile couleur de sable et de poussière et, par-dessus le tout, un sayon en peau d'agneau. Sur la tête, un voile *(couffie)* en épaisse soie de la Mecque aux plis retombants, que retient autour du front une couronne en cordes d'or à houppettes noires. Tout petits pieds, nus sur des semelles de cuir; toutes petites mains d'enfant, jouant avec le traditionnel bâton en forme de feuille de lotus qui sert à conduire le chameau.

Très câlin, infiniment distingué, avec de temps à autre un éclair de commandement ou de fureur dans ces yeux fuyants, instables, qui se dérobent quand on les regarde, mais qui vous fixent et vous pénètrent sitôt que vous détournez les vôtres.

Il est bien tel que je l'attendais, façonné à ravir par cinquante ou soixante années de haut brigandage. — Et, auprès de lui, ces deux jeunes hommes qu'il a amenés semblent des enfants inoffensifs, dociles et tremblants.

Il me souhaite la bienvenue, m'exprime son étonnement de l'obstination du caïmacam, son regret de ne pouvoir me recevoir à Pétra.

— Mais, lui dis-je, brusquant les choses, ne pourrais-tu faire semblant de nous mener vers Suez, — et puis, à deux jours de marche d'ici... qui le saurait...

Il m'arrête en saisissant ma main et une mélancolie de fauve captif passe dans ses yeux mobiles : « Ah! répond-il, autrefois, oui... autrefois, j'étais le maître. Mais à présent, les Turcs sont venus, vois-tu, — et depuis un an, j'ai fait ma soumission, j'ai donné à ce caïmacam ma parole d'obéissance... »

Alors je comprends que notre dernier espoir est perdu.

Il est inutile d'insister, d'ailleurs, car la parole donnée — qui compte si peu chez nous, les avancés d'Occident — est tout à fait sacrée pour les brigands du désert.

*
* *

Il me propose alors de rentrer en Égypte, non plus par le Sinaï, mais par la route des pèlerins de la Mecque (Nackel et le désert de Tih), qui ne demande que dix jours, — en me servant pour ce voyage de l'escorte qu'il m'avait préparée et qui arrivera de Pétra ce soir, à l'heure du Moghreb.

— Renvoie, propose-t-il, tes hommes et tes chameaux; tu prendras les miens, qui sont meilleurs.

Et j'accepte en remerciant. Refuser, du reste, ne me servirait à rien, puisque je suis entre ses griffes aujourd'hui.

Donc, c'est convenu et nous n'avons plus qu'à traiter des questions secondaires. D'abord celle du prix de location des gens et des bêtes, pour laquelle il se montre très modéré. Ensuite celle de nos rançons à tous : « Autrefois, dit-il, quand des étrangers traversaient Pétra, je prélevais douze livres d'or par personne ; je n'en exigerai que six pour vous, qui n'aurez fait qu'effleurer mon territoire. » Comme procédé, c'est irréprochable et nous nous séparons, les meilleurs amis du monde, avec de très cordiales pressions de mains.

* * *

Donc, il faut congédier tous ces pauvres Bédouins qui nous avaient amenés jusqu'ici. Ils s'y attendaient, du reste, me sachant aux prises avec le cheik de Pétra ; leurs préparatifs étaient faits, leurs outres remplies à la source fraîche de l'oasis, et, sitôt le congé donné, ils viennent nous faire le baisement de mains des adieux, pressés qu'ils sont de se soustraire aux dangers d'ici.

Ils étaient, en somme, de braves gens assez sûrs, nés au désert moins inhospitalier du Sinaï. Quand nous les regardons s'éloigner sur les sables, il nous semble qu'un dernier lien vient de se rompre entre nous et le monde.

C'est demain matin donc, que nous devons repartir pour l'Égypte, avec les vingt hommes et les vingt chameaux loués au vieux Jahl. L'idée de reparaître au Caire nous est particulièrement agaçante. Les amis qui nous croyaient en route pour l'aventure, que diront-ils, nous voyant rentrer comme des promeneurs étourdis qu'on ramène en fourrière, faute de papiers? Vraiment, nous ne pouvons nous y résoudre; au risque de tout, nous essayerons bien de corrompre en chemin les gens de Pétra, pour tourner bride vers la Palestine; mais ce sera jouer un mauvais jeu, nous exposer à toutes sortes de complications ridicules pour avoir violé la défense d'un représentant officiel de la Turquie. Et nous sommes très perplexes, enfermés dans nos tentes, que le kamsin brûlant remplit de sable et de mouches. La journée se traîne, pénible et lourde, tandis que l'oasis, et surtout nos alentours immédiats, se peuplent d'une façon étrange: rôdeurs armés, qui frôlent de plus en plus près nos murailles de toile, Bédouins au profil aigu ou nègres au visage plat, tous les errants, les affamés, les pillards des proches déserts, attirés par nos vivres et par notre or, s'assemblant autour de nous comme sur les mets s'abattent les mouches. Et de grandes sauterelles jaunes viennent aussi, amenées par le vent du Sud...

Pourtant, dans l'après-midi, grâce au vieux Jahl, des pourparlers nouveaux s'ébauchent entre notre camp et la maison à toit de palmes où réside l'arbitre de notre sort. Par l'étouffante petite rue aux murailles de terre, des messagers vont et reviennent, nous rapportant l'espoir.

Il se repent, le caïmacam, de nous causer tant d'ennui. Nous laisser passer par Pétra, il est probable qu'il n'y consentira pas, de peur d'engager sa responsabilité vis-à-vis de son gouvernement et du nôtre ; ce serait vraiment un peu risqué en ce moment-ci, au dire même de Mohammed-Jahl, qui ne répond de nous que jusqu'aux limites de son territoire et parle avec une certaine crainte de batailles livrées hier aux environs de Kérak et de Tafileh.

Mais peut-être nous laissera-t-il aller directement à Gaza, en traversant par son milieu le désert de Tih, ce qui serait un voyage de dix ou douze jours, dans des régions bien moins fréquentées encore que celles de Pétra et de la mer Morte, — à la condition de nous faire escorter par un officier et deux soldats turcs de la citadelle d'Akabah, dont nous payerions, bien entendu, les chameaux, la nourriture et les rançons au besoin. Cette dernière clause prouve surtout qu'il se méfie de nous, qu'il a quelque soupçon inavoué d'espionnage à cause de notre insistance à passer, sans les autorisations spéciales, dans la région interdite où la Turquie vient de commencer des opérations militaires ; mais vraiment on ne peut trop lui en vouloir de cette idée, le désert de Pétra n'ayant en lui-même rien pour justifier l'obstination que nous avons montrée.

Vers le soir, les choses paraissent en très bonne voie. Le caïmacam, invisible à cause du ramadan, nous fait dire qu'il est exténué par les jeûnes et les prières, qu'il nous prie d'attendre encore jusqu'après l'heure du Moghreb. Quand il aura pu manger, boire un peu de café, ses idées seront plus claires pour prendre une décision à notre égard. Mais nous sommes moins inquiets à présent, et la route de Palestine par le désert, à la fin, nous semble s'ouvrir.

Au baisser du soleil, je descends avec Léo me baigner dans la mer déserte. Les quelques rôdeurs à coutelas que notre présence a fait surgir dans l'oasis ne quittent pas les abords de nos tentes, — et les chemins du bois de palmiers sont aussi vides que de coutume, entre leurs vieux petits murs piqués d'ossements ; la plage est aussi morte, le long de la mer éternellement bleue, au pied des montagnes éternellement roses.

Nous marchons jusqu'aux limites de l'oasis, où finissent les grands dattiers superbes pour faire place aux maigres touffes de palmes, tout de suite rabougries, clairsemées et perdues dans les sables du désert.

Et, notre bain pris, tandis que nous sommes là, étendus, nous séchant à l'ombre de ces dernières verdures, des trottinements légers, derrière nous, tout à coup nous font dresser l'oreille, et une centaine de moutons nous envahissent... Les bergers apparaissent aussitôt; ils sont deux, deux soldats turcs en uniforme, armés jusqu'aux dents, le fusil à répétition sur l'épaule, la ceinture chargée de revolvers et de cartouches, — figures déjà connues qui me regardent avec des sourires... Tiens! mes amis d'hier au soir, les exilés de Smyrne, Hassan et Mustapha, les deux frères. C'est dans leurs attributions, à ce qu'il parait, de mener paitre le troupeau de la citadelle.

— Ils sont donc bien méchants, vos moutons, que vous êtes si armés pour les conduire?

— Oh! pas pour les moutons, répondent-ils, — non, pour les Bédouins! Le pays d'ici n'est pas sûr; à une demi-heure d'Akabah, on commence à vous couper le cou!...

Puis, ils rassemblent leurs ouailles, avec des cris

de bergers, pour les ramener au gîte, et je leur promets d'aller, ce soir, causer avec eux une dernière fois, sur la plage, deux heures après le Moghreb...

A huit heures, par nuit déjà close, un haut fanal de cérémonie débouche de la petite ruelle de terre et se dirige vers nos tentes : le caïmacam me fait prier d'aller lui parler, avec le cheik de Pétra, — et nous nous rendons chez lui, pleins d'espoir.

Le premier passe et s'assied le vieux cheik ; puis, nous prenons gravement place dans la salle aux murs de boue séchée, qu'une lanterne, placée dans une niche, éclaire à peine. Le caïmacam, enveloppé malgré la chaleur d'un caftan de fourrure, l'air réellement très fatigué par le jeûne, nous tend la main pour la bienvenue ; un nègre apporte des cigarettes sur un plateau, du café dans des tasses de Chine ; ensuite, après les compliments d'usage, le silence retombe.

La porte encore s'ouvre, montrant un coin de ciel sur lequel s'agitent des palmes noires et où brille une étoile, puis plusieurs personnages entrent silencieusement avec une lente majesté : vieillards à barbe grise, en caftans de fourrure, la tête enveloppée dans des voiles de la Mecque, figures rigides et implacables, qui ont au premier aspect la beauté des prophètes, mais des courbures féroces du nez, des yeux d'aigle ou de vautour. A en juger par l'accueil du caïmacam, ils doivent être des notabilités du désert avec qui l'on compte ; leurs affaires pourtant passeront après la nôtre, car on les fait asseoir à l'écart, presque dans l'ombre, en rang le long du mur, où ils formeront tapisserie farouche, tandis que va se décider notre sort, sous ce vieux plafond de palmes.

Enfin, le caïmacam recommence à parler d'une voix douce et élégante ; avec mille réticences, il nous dit la possibilité de nous laisser aller directement en Palestine; mais ses hésitations encore, ses craintes... Oh ! les lenteurs orientales !... La conversation a lieu en turc, notre guide prosterné à deux genoux devant lui, dans une attitude à la fois suppliante et câline, guettant, pressant ce *oui* définitif qui nous permettrait de continuer notre voyage — et qu'au bout d'une demi-heure le caïmacam daigne enfin dire ! Alors nous sommes sauvés, car il n'a qu'une parole, comme tous les Orientaux.

Reste à écrire nos noms et le sien, en français et en turc, à régler différentes questions de détail, et puis nous prenons congé, ravis, après ces deux si anxieuses journées.

***

Dehors, il fait la nuit merveilleuse, qui est ici la nuit de toutes les fois, la nuit quelconque. Par le sentier obscur, feutré de sable, sous le couvert des palmes, je m'en vais finir mon dernier soir sur la plage, au bord de la mer déserte qu'éclaire la lune en croissant, traîner mes voiles blancs de fantôme.

Mes deux amis, les soldats bergers, m'attendaient là depuis longtemps, désespérant de me revoir. Et nous nous remettons à causer de la patrie turque, de Stamboul ou d'Ismir, dans le profond silence, en faisant des cent pas et des cent pas, tout au bord des eaux réfléchissantes, avec un détour pour éviter le chameau mort, chaque fois que notre promenade nous ramène près de lui...

Dans le lointain, une sonnerie de trompette les rappelle, triste et lente, très haute comme la voix des muezzins. Vite, il faut qu'ils rentrent à la forteresse ; ils prennent leur course, me montrant un sentier qui s'enfonce dans les ténèbres des arbres : « Va tout droit par là, c'est le plus court pour rejoindre tes tentes. »

Et bientôt je suis égaré, seul, dans cette obscurité. Il n'est pourtant pas immense, le bois; mais il est coupé en tous sens par d'inutiles clôtures humaines, d'incompréhensibles petites ruines. Et tant de fois je m'engage entre ces vieux petits murs croulants, dans des sortes d'impasses ne menant nulle part! Personne, il va sans dire; mais des ossements, des crânes d'animaux, blancs sous la vague lueur lunaire que les palmes tamisent...

Il doit être près de minuit, très tard pour Akabah.

Enfin, me voici dans un cimetière, entré je ne sais comment, et la voûte des grandes plumes noires ne s'étend plus sur ma tête; d'ici je pourrai donc voir un peu loin et m'orienter...

Vrai cimetière du désert, dans le sable envahissant et éternel. Il est vaguement rose, sous la lune; le sol, les sauvages petites tombes en forme de selle de chameau, s'y confondent dans une même nuance saumon pâle; on n'y distingue rien de saillant où puisse s'arrêter la vue; il a cette imprécision d'aspect qui est particulière aux choses de ce pays dès que la nuit les enveloppe, et on le dirait aperçu à travers un voile en gaze rosée...

Une bête qui était là, mangeant je ne sais quoi d'effroyable dans un trou, s'enfuit devant moi avec un petit glapissement à donner le frisson de mort, — chien ou chacal.

L'oppressant bois de palmiers d'où je viens de sortir se recule en rideau et je découvre à présent toute la vaste étendue qui a pris son air de vision des soirs. Au-dessus des murs de ce cimetière, qui semblent avoir des contours mous, les dunes apparaissent, très mollement dessinées aussi, et, plus haut encore, s'étagent tous les granits lointains des montagnes, prolongeant jusqu'au croissant lunaire une sorte d'universelle montée rose. Cela déroute le sens de la perspective, comme si la Terre, devenue vaporeuse, s'était soulevée de ce côté-là pour se renverser; mais pourtant cet équilibre instable demeure, tout reste immobile, figé à jamais dans une tranquillité et dans un silence infinis. Et toujours, c'est le désert et c'est l'Islam qui apportent ici l'angoisse sombre, l'angoisse charmante que les mots humains n'expriment plus...

La bête n'est pas partie; elle tourne, tourne, empressée parmi les tombes, en s'aplatissant dans l'inquiétude de ma présence et elle continue de glapir, parce que je l'ai dérangée; des plaintes traînantes, d'un diapason suraigu, sortent de son gosier lugubre de mangeuse de cadavres...

*
* *

Cependant, j'aperçois là-bas mes tentes, espèces de cônes presque blancs, parmi les vagues murs de boue carminée qui composent le village, et, comme ce cimetière n'a d'autre issue que celle par où je suis entré, j'imagine, pour aller dans cette direction-là, d'escalader le mur, — le mur de cailloux et de terre séchée qui alors se dérobe sous mon poids, dans un nuage de poussière, avec un bruit d'éboulement, et ouvre tout à coup une brèche de deux ou trois mètres de long, — tandis que je m'enfuis à toutes jambes de peur des Bédouins qui viendraient, émus de cette violation, punir le profanateur...

Au camp, tous nos gens sont debout, domestiques, cuisiniers, interprète, dans une agitation et un désespoir extrêmes : c'est que les Bédouins du désert de Pétra, amenant nos chameaux, viennent d'arriver, et les ont réveillés, sabre en main, passé minuit, pour se faire faire par force un souper avec ce que nous avions de meilleur, invitant même à la fête tous les rôdeurs affamés d'alentour :

— Ce sont des diables! des diables! tous des diables! disent-ils, et ils cuisinent avec la rage au cœur, allumant de grands feux pour rôtir nos poulets et nos moutons.

Cela, être volé, pillé, rançonné, c'était prévu. Tant qu'on ne s'attaque pas à nos personnes, il n'y a qu'à laisser faire et à aller tranquillement se coucher, en trouvant des sourires hautement protecteurs pour souhaiter bon appétit à tout ce monde...

XXVII

Jeudi 15 mars.

Plan, plan, plan! Plan, plan, plan!... A la sonore fraîcheur de trois heures du matin, encore le petit tambourin de bois, qui promène dans les sentiers obscurs de l'oasis sa batterie lente et triste... et il vient aussi faire le tour de notre camp, pour informer ceux d'entre nous qui sont de Mahomet que la journée de jeûne recommence.

C'est tôt, ce réveil, pour moi qui m'étais si tard endormi, et je me mets à songer à la matinée laborieuse qui va venir, à ce départ qui sera certainement difficile, entre les mains de ces Bédouins inconnus et sur ces chameaux de mon nouvel ami *qui n'auront peut-être seulement pas de robes dans son figure.*

Dès le soleil levé, les abords de notre camp sont

envahis par une foule qui s'agite et qui hurle; d'abord, les chameliers que nous avons demandés nous-mêmes à Mohamed-Jahl, et puis beaucoup d'autres personnages tout à fait inutiles, descendus de l'intérieur à la suite du grand bandit dans l'espoir de nous ravir quelque chose. Sous les *couffies* de soie ou sous les voiles de laine, s'abritent de ténébreuses figures, luisent de mauvais yeux. Partout des cuivres, jaunes ou rouges, étincellent dans les groupes tourmentés; ces hommes sont chargés d'amulettes et d'armes, sacoches enfermant des écrits mystérieux, longs fusils minces usés dans les escarmouches du désert, longs coutelas ébréchés de père en fils à des égorgements d'hommes ou de bêtes.

Le centre des hurlements est auprès de la tente qui contient nos provisions de route; il y a là un cercle d'hommes assis, entourés d'un cercle d'hommes debout, et tous se disputent férocement, s'attrapant par les bras, par les mains, ou par le front pour se hurler de plus près des menaces de mort au visage. Au milieu d'eux, je reconnais Mohammed-Jahl, tenant en main son bâton pour chameau comme on tient un sceptre, les yeux pleins de rage sous son beau voile attaché de cordelières d'or, et rugissant d'une voix de vieux lion encore impérieuse et terrible. Ces gens en haillons qui l'entourent sont des notables de son désert, auxquels il partage notre rançon, en en gardant le plus possible pour lui-même. Et on voit des pièces d'or passer cinq ou six fois de l'un à l'autre, prises et reprises par des mains crispées en griffes.

Ailleurs, les Arabes d'Akabah, qui ont été nos veilleurs de nuit, forment un groupe forcené autour de notre interprète, exigeant une solde exorbitante pour leurs trois nuits de faction. D'autres encore demandent autre chose ; il y a celui qui a prêté son chameau avant-hier pour aller à Pétra, celui qui a écrit la lettre au grand cheik et celui qui a rempli nos barils à l'aiguade... Puis, il en arrive de nouveaux sans cesse, celui-ci pour vendre un mouton, celui-là pour vendre une poule, par force, le fusil à la main, à des prix de ville assiégée. Et toujours, ils enserrent de plus en plus nos hommes, les accrochant par leurs vêtements comme pour les en dépouiller.

L'heure passe, rien n'avance et nos pièces d'or s'en vont.

Aucun des soldats turcs, qui auraient pu nous aider un peu, n'est sorti ce matin de la citadelle. Et le caïmacam, dont nous attendons anxieusement la signature pour le permis de départ, — il dort ! Nous sommes en ramadan, le jeûne et les prières l'ont exténué; il repose dans sa maisonnette à toit de palmes, et ses gardes n'osent pas troubler son sommeil.

Quant à nos chameaux, ils ont l'air de bêtes mortes, étendus de côté dans des poses épuisées, leurs longs cous allongés sur le sable. Notre guide, qui les a palpés, assure qu'ils n'ont pas mangé d'au moins huit jours et qu'ils feront difficilement l'étape d'aujourd'hui.

On respecte encore nos personnes, ne s'en prenant qu'à nos gens. Cependant, la foule des affamés au sombre visage continue d'augmenter et la grande clameur s'exaspère.

A un moment donné, un groupe m'enserrant de trop près, tandis que je m'efforce de rester impassible et souriant sous mes voiles de laine, Mohammed-Jahl surgit, le bâton levé; d'un seul commandement furieux et bref, il disperse le cercle, puis, me prend la main avec une grâce de seigneur et m'emmène le plus tranquillement du monde pour me faire choisir mon dromadaire. — Plutôt, il le choisira lui-même, afin d'être plus sûr qu'il soit excellent; il les examine tous et fait placer, essayer ma selle et mon fusil sur plusieurs bêtes différentes. Je souhaitais une chamelle blanche, qui me semblait propre et décorative, mais il la repousse avec un dédaigneux haussement d'épaules. Son dévolu est jeté sur un jeune mâle, qu'on fait lever à grands coups de lanières, — et que décidément je monterai : il ressemble à une autruche, tant il est effilé, fin de cou et de jambes ; il est vraiment très élégant, aussi joli qu'un chameau puisse être ; il est du reste couleur de désert, d'un gris chaud un peu rosé comme l'ensemble neutre des choses, tellement qu'on pourrait dire de lui qu'il est incolore.

Un soleil brûlant et splendide éclaire l'oasis, darde sur cette sorte de place, si tumultueuse ce matin, où nous étions campés. A travers le rideau des palmiers, se trace la ligne bleu de Prusse de la mer, toute coupée par les sveltes tiges grises, et comme vue derrière une claie de roseaux. Nos tentes, nos tapis, nos selles, nos bagages jonchent le sable, et les hommes hurleurs, les hommes minces, à longs fusils et à longs coutelas, piétinent le tout, circulant les bras levés, dans des attitudes exaspérées. Il y a aussi des chiens ameutés, des moutons, des chèvres, — et tous les enfants d'Akabah, les plus petits et les plus drôles, les uns tout nus, les autres avec de trop longs burnous qui leur font des robes à queue, la figure et les yeux pleins de mouches, adorables quelquefois, quand même, de forme, de regard noir, et musclés comme les amours païens. Et le kamsin souffle, et, sur la foule excitée, sur les haillons, sur les cuivres brillants des armes, sur les cris, les gestes, les convoitises et les menaces, des vols de grandes sauterelles jaunes s'abattent avec un crépitement de grêle...

***

Cependant, le caïmacam, parait-il, est réveillé. Il n'a pas changé d'idée en dormant, Allah en soit béni, et c'est bien en Palestine qu'il nous permet de nous rendre. Les papiers de départ, les contrats avec Mohammed-Jahl, s'écrivent lentement en arabe, dans sa vieille maison là-bas, au tournant de la petite ruelle aux murailles de terre.

Et le chargement de nos chameaux est commencé. Mais nous prévoyons qu'il s'opérera avec lenteur : dix fois, quand l'un est chargé et prêt à partir, quelque personnage armé, aux yeux de fauve, aux dents blanches, surgit mécontent qui, avec des imprécations, jette le tout par terre.

Par instants, Mohammed-Jahl, que je puis suivre des yeux au milieu des groupes, à cause de son bâton de commandement toujours levé, fonce comme un bélier sur moi. C'est pour me prendre à témoin de quelque énormité que notre guide a commise : il a voulu diminuer la caravane d'un chameau, par économie; il a lésiné sur le prix d'un mouton, ou bien il n'a pas donné à un tel la récompense promise. Et, chaque fois, je dois suivre le vieux cheik sur le lieu de la dispute... Cependant, dès qu'il s'adresse à moi, son œil et son geste aussitôt s'adoucissent; tenant ma main dans sa très petite main à lui, c'est délicatement et avec une nuance de haute courtoisie qu'il m'emmène...

Enfin, enfin, c'est conclu, réglé, signé; tout le monde est d'accord.

Mes compagnons de route, déjà montés sur leurs dromadaires, j'allais monter aussi sur le mien aux jambes d'ibis, quand on me vient me dire que le grand cheik a besoin de me parler encore.

Alors je retourne sur mes pas et le cherche dans la foule; je tenais, d'ailleurs, à prendre congé de lui avant le départ. Au fond de la place, le voilà qui débouche de la petite ruelle du caïmacam, très excité, furieux, le regard terrible; deux autres vieillards, l'un à sa droite, l'autre à sa gauche, le tiennent par les mains, deux vieux cheiks magnifiques d'attitude et de colère, dans l'ampleur de leurs vêtements qui flottent. Tous trois hurlent à la fois et marchent au pas de charge, semblables à un groupe de furies, fendant vite ce vent de fournaise qui fait voler leurs burnous et leurs voiles. Derrière eux, d'autres personnages courent, peu rassurants aussi dans leur exaltation menaçante... Qu'est-ce qu'il y a encore et que me veulent-ils?...

Mais non, ce n'est pas contre moi cette irritation nouvelle; heureusement, nous sommes hors de cause.

Dès que je parais, au contraire, tous s'arrêtent et la figure du grand détrousseur s'apaise :

— Ah! dit-il, je voulais t'annoncer que je te donne mon fils Hassan, mon fils Hassan que voici (il écarte les vieillards et fait avancer par la main le jeune cheik), pour t'accompagner en Palestine. Écoute, tu t'es fait recommander à moi en venant ici; eh bien, moi, à mon tour, je te recommande mon fils Hassan.

Alors, je prends Hassan par les épaules, et, suivant l'usage du désert, j'appuie son front contre le mien. Mohammed aussitôt me rend l'embrassement que j'ai donné à son fils — et c'est un pacte d'amitié à jamais scellé entre nous, au murmure approbateur de la foule.

***

Et maintenant nous sommes tous sur nos bêtes, prêts à partir enfin.

Il paraît qu'on est content de nous pourtant, de nos cadeaux et de nos attitudes, car des adieux, des souhaits de bon voyage s'échappent de la foule subitement calmée. Et nous nous éloignons avec lenteur, sortant des derniers petits murs de terre, des derniers palmiers de l'oasis, heureux de retrouver peu à peu du silence et d'échapper à cette horde sans lui laisser nos vêtements, le fond de nos bourses ou nos têtes. Il est dix heures bientôt, et le départ a duré trois heures, pénibles et presque graves.

Nous marchons à la débandade, tout de suite disséminés, isolés dans les sables, sur les broussailles tristes du désert. Pour longtemps, sans doute, nous avons dit adieu aux palmiers et à leur ombre; le sol, étincelant de soleil, est jonché de ces mêmes sauterelles jaunes qui, ce matin, s'abattaient sur Akabah comme de petits nuages.

Un homme me rejoint et s'approche en souriant pour cheminer à mes côtés; il allonge le bras et nous nous serrons la main, d'un dromadaire à l'autre:

c'est mon nouvel ami, le jeune cheik de Pétra, que Mohammed-Jahl a délégué pour nous conduire en Palestine.

Il n'a rien de son père, ce cheik Hassan : plus petit, plus mince, extrêmement svelte, la taille prise dans une ceinture de cuir qui serre beaucoup ; de vingt à vingt-cinq ans, très bronzé, un visage et des traits en miniature qu'encadre une légère barbe noire ; laid, irrégulier, mais avec une certaine grâce quand même, un certain charme presque féminin ; l'air aussi timide et doux que son père est d'aspect terrible ; détrousseur pourtant comme ses ancêtres, et assassin à l'occasion. Il a de jolies armes et de jolies amulettes ; il porte, comme tous les gens de sa tribu, de longues manches tailladées en pointe, qui traînent à terre lorsqu'il marche et qui flottent au vent quand il est en selle. Il monte un dromadaire dans le genre du mien, à hautes pattes d'oiseau de marais ; il le manœuvre avec une affectation visible et cependant gracieuse. A l'appel de la bride de laine noire, la bête effilée se cambre, contourne étrangement son long cou serpentin ; elle se démène et s'empêtre, sorte de grande autruche à quatre jambes, dans la profusion des franges et des glands noirs qui pendent de ses oreilles, qui descendent de ses flancs jusqu'à ses pieds plats. Et lui, haut monté sur son dos, le jeune cheik à fine taille, penche sa tête frêle, comme sous le poids d'un voile trop lourd, et tient toujours droit, à bras tendu, dans une pose hiératique, le traditionnel bâton dont la forme rappelle les feuilles nouvelles, encore non déployées, des lotus.

Nous nous éloignons. L'oasis n'est bientôt plus qu'une ligne verte, au pied de l'entassement rose des granits d'Arabie. Et la mer elle-même devient ligne, s'amincit, s'amincit, toujours aussi invraisemblablement bleue, — puis disparaît. Nous recommençons à cheminer par les vallées de cendre et par les montagnes de cendre, dans l'uniforme désolation grise et rose.

Parfois, nous passons devant quelque trou d'ombre qui semble pénétrer au cœur des roches et dont les abords sont encombrés d'ossements : antres de panthères qui, à cette heure, sommeillent — et qui sans doute, au bruit de nos pas, entr'ouvrent leur œil jaune.

Il fait lourdement chaud, et surtout, il fait sinistre ; cependant la paix du désert retrouvée nous semble délicieuse, après les agitations et les anxiétés d'Akabah.

Notre caravane s'est augmentée de l'officier turc et des deux soldats délégués par le caïmacam, qui se sont, eux aussi, costumés en Bédouins, et de cinq ou six voyageurs indigènes, des tribus du Nord, inconnus qui, à la dernière heure, nous ont demandé, pour leur sécurité, la permission de se joindre à nous.

Et comme ils sont différents, nos gens d'escorte, de ces inoffensifs et insignifiants chameliers que nous avions loués à Suez ; moins misérables, plus beaux et plus forts ; mais plus farouches aussi et d'aspect plus fermé. Il nous semble à présent que c'est seulement à Akabah, le seuil du vrai désert...

Nous marchons d'une lente allure de ramadan ; les hommes, fatigués par les abstinences religieuses, et les bêtes, par les jeûnes forcés, par les marches excessives depuis Pétra. Nous ferons donc peu de route aujourd'hui, mais nous nous rattraperons les jours suivants et, *In-challah !* dans onze jours, nous arriverons en Judée, ayant franchi le désert de Tih.

***

Notre campement du soir est au milieu des montagnes, dans une de ces gorges de granit, profondes, aux parois verticales, où les caravanes de passage aiment s'arrêter, parce qu'on y est à l'abri des grands vents et qu'on s'y fait une illusion de murailles protectrices contre les surprises nocturnes.

Là-haut, entre les roches, dans la découpure de ciel visible, se sont allumées les sept étoiles du chariot de David, et la lune du ramadan se tient au zénith, demi-disque couleur de vermeil clair; nuit, toujours merveilleuse, vient de descendre sur nous, avec des transparences extrêmes, d'étonnantes nettetés et pourtant des indécisions de rêve.

Toute notre caravane est là, au grand repos; les gens, assis par petits groupes choisis, autour de feux; les Turcs ensemble; ici, des Bédouins de Pétra; ailleurs, nos Arabes syriens; ailleurs encore, les quatre voyageurs inconnus. Et les chameaux, une trentaine, sommeillent à genoux parmi les hommes.

Il y a des groupes rapprochés et des groupes lointains, échelonnés jusqu'à l'entrée des couloirs d'ombre par où l'on arrive dans ce lieu ; il y en a aussi de montés à différentes hauteurs, sur des roches en piédestal superbe — et les flammes gaies éclairent les figures sombres, les dents blanches, les sabres brillants, les longs burnous, les majestueuses poses, ou les accroupissements simiesques et le pêle-mêle des membres nus.

C'est le jour de cuire sous la cendre les pains pour la semaine — les pains sans levain, durs comme pierre — ce qui exige de plus grands feux que de coutume, des feux magnifiques de branchages parfumés.

Et il faut tant de flammes pour la cuisson de ces pains, des flammes si hautes, si rouges, que tous les granits surplombants s'incendient ; ils s'enlèvent en couleur de braise, sur ce ciel, tout à l'heure lumineux, à présent presque noir, par contraste, et sans étoiles, — sorte de grand trou d'ombre, au fond duquel s'est reculée, reculée, une plus pâle lune devenue mourante et bleue.

Et nous remplissons ce recoin des solitudes, où l'air, avant nous, semblait vierge, d'une complexe senteur bédouine, odeur musquée des chameaux, odeur fauve des hommes, parfum des chibouks et parfum des branches aromatiques qui brûlent.

***

Cependant les pains sont cuits et les feux se meurent ; alors les granits s'éteignent aussi, noircissent, et la pâle lune reprend ses droits, retrouve sa lumière couleur d'argent et d'or. Changement subit des aspects, autre fantasmagorie pour amuser nos yeux qu'une saine fatigue va fermer bientôt.

Des cigales, dans les buissons maigres, dans les invisibles petites plantes rases, nous font une musique de printemps, que nous entendons en Arabie pour la première fois.

Et comme il est l'heure de prier avant de s'endormir, les voilà tous debout, les hommes, Bédouins de Pétra ou Bédouins d'ailleurs, s'orientant vers la Mecque si proche, pour commencer à invoquer ensemble le Dieu des déserts ; — alors tout s'efface devant la grandeur et la majesté de cette prière, au milieu de ces rochers où tombent des rayons de lune...

XXVIII

Vendredi 16 mars.

C'est aujourd'hui, quand nous aurons franchi les montagnes au pied desquelles nous sommes venus camper hier au soir, que nous entrerons dans le plus grand désert de Tih, dont les solitudes, au dire de nos chameliers, sont immenses et plates comme la mer, et où se jouent d'incessants mirages.

Nous avons, sur les habitants de ce désert, les renseignements suivants, donnés par Isambert et Chauvet dans leur *Itinéraire d'Arabie Pétrée :*

Les Arabes qui occupent le désert de Tih comptent au nombre des plus sauvages et des plus intraitables parmi les Bédouins. Ils sont tous pillards, et leurs razzias, qui rappellent celle de Amalékites, s'étendent jusqu'au désert de Syrie, dans le voisinage de Palmyre.

Les Amalékites, en effet, contre lesquels les Hébreux livrèrent tant de batailles, furent les ancêtres des rares tribus que nous allons apercevoir sur notre route — et qui probablement leur ressemblent encore, de visages, de costumes et d'allures, car c'est ici le pays où rien ne change, l'Orient éternisé dans son rêve et sa poussière.

Il nous faut donc commencer ce matin par atteindre le sommet de la chaîne du Djebel-Tih, pour passer ensuite de l'autre côté, dans ce désert des Amalékites.

Les pentes sont très raides pour nos chameaux chargés, et les précipices, sous nos pieds, se creusent toujours en profondeur.

A notre grande surprise, voici pourtant un semblant de route, qui serpente vers les cimes désolées et que des blocs de pierres brutes, alignés de main d'homme, séparent des abîmes voisins. Sur un torrent desséché, voici même un pont, — un pont grossier, il est vrai, rudimentaire, à une seule arche massive — mais bien inattendu ici et bien invraisemblable. En ce pays où les choses les plus antiques se conservent d'une manière très spéciale et où, par contre, les rares choses nouvelles prennent de suite l'uniforme patine cendrée du passé, il est impossible de donner un âge à ce pont. Est-ce Baudoin Ier, roi de Jérusalem, qui le fit construire quand il vint s'emparer d'Ælana, aujourd'hui devenue la sauvage Akabah, — ou bien le roi Salomon, quand il se rendit à cette même Ælana, qui s'appelait alors Eziongaber, pour y recevoir la belle reine visiteuse ?.. Non, cet arceau de pierres n'a, paraît-il, que vingt ou trente ans; les Arabes, nos contemporains, se sont décidés à le construire en même temps que ce semblant de route, parce que c'est ici le passage des pèlerins pour la Mecque, de tous ceux qui viennent de l'Occident et du Nord, et leurs caravanes ne pouvaient vraiment plus franchir ces montagnes, de plus en plus éboulées et tourmentées.

Dans les gorges par lesquelles nous montons, et d'où la nature verte est absente, il y a grand luxe de pierres, grand et morne étalage de curiosités géologiques; nous sommes ce matin au milieu des grès couleur de chair, *herborisés* comme les plus précieuses agates : sur toutes leurs cassures fraîches, se dessinent en noir des feuillages délicats, fougères ou capillaires. Et il y en a ainsi par milliers; le moindre bloc, sous les pas de nos chameaux, est orné de ces fines silhouettes de plantes.

*
* *

Cependant nous approchons des sommets. Derrière nous, l'Arabie Déserte, vue comme en planant, déroule l'infini de ses désolations roses et, sur notre droite, s'enfuient le désert de Pétra, les sinistres montagnes du pays d'Edom.

Le ciel maintenant se couvre d'un voile et, vers midi enfin, c'est devant nous que l'étendue se déploie, une étendue nouvelle, plus profonde et plus morne que toutes celles d'alentour; une région haute qui affleure les cimes où nous venons de monter et qui voisine avec les nuages mystérieux; quelque chose comme une mer, d'un niveau plus élevé que tous les pays environnants et qui se serait figée par un temps calme, la laissant éternellement lisse et inondulée : le désert de Tih, le désert des Amalékites.

Sur les plateaux où nous arrivons, de légères sentes, tracées par le piétinement séculaire des caravanes, fuient dans les lointains, innombrables comme les fils tendus des tisserands. Elles se divisent en deux faisceaux, dont l'un va se perdre vers l'occident, l'autre vers le nord : le premier udiquant le passage des croyants venus de l'Égypte et du Moghreb; le second, que nous allons suivre, la route des pèlerins de Palestine et de Syrie.

Ce carrefour effroyable du désert, qui voit passer chaque année des foules de vingt mille ou trente mille hommes, en marche vers la sainte Mecque, est vide aujourd'hui, vide à l'infini, et sa tristesse de grandeur et de néant est comme glacée, sous le ciel qui achève de s'assombrir. Halte habituelle des multitudes, il est jonché de tombes, sortes de petits menhirs, pierres brutes, debout deux à deux, — l'une à la tête, l'autre aux pieds, — places où se sont couchés pour l'éternité de pieux pèlerins qui passaient.

Les dromadaires, excités ici par l'espace, dressent la tête, flairent le vent, changent leur allure languissante en quelque chose qui devient presque une course.

Il est d'un gris de vase, cet espace qui les appelle; il est uni comme si on y avait traîné des rouleaux géants pour l'aplanir; à perte de vue, il est pareil, et il est obscur, sous un ciel plus obscur que lui. Il a presque des luisants de chose humide et cependant sa surface immense est toute de boue sèche, fendillée, à mille craquelures de porcelaine.

Le long des sentes, nos chameliers se baissent pour ramasser de très petites pierres couleur de turquoise qui, presque à chaque pas, apparaissent éclatantes sur les grisailles du sol : simplement, ce sont des morceaux de ces perles dont il est d'usage d'orner la tête des dromadaires. De toute antiquité, ces mêmes directions ont été suivies par les caravanes, et la mode de ces parures doit remonter à trois ou quatre mille ans ; tel débris de verroterie que nous ramassons là, et qui a pris un air de fossile à force d'être roulé, peut aussi bien remonter au passage de Salomon ou de Moïse. Et c'est singulier, ces petites choses bleues presque éternelles, tombées une à une, à des années d'intervalle peut-être et, à la longue, jalonnant comme les mies de pain du petit Poucet, des routes infinies.

En s'avançant dans ce nouveau désert, on y garde conscience de l'altitude, à cause des montagnes qu'on a laissées derrière soi et dont les crêtes seules dépassent le cercle d'horizon pour y ajouter d'insiguitantes dentelures, — dentelures noires à présent, sous l'ombre épaisse des nuages.

Une voûte bien étrange s'est condensée au-dessus de nos têtes, très près de nous : flocons de ouates grises, qui semblent vraiment consistants, presque tangibles si l'on se hissait un peu. Et on dirait même que, par places nombreuses, des mains ont étiré ces ouates vers la terre, pour les filer sur des fuseaux; on en voit pendre çà et là des parcelles, d'un gris plus noir, qui ont l'air d'avoir été prises et tordues avec les doigts, — et cela cause une vague frayeur inexpliquée, comme chaque fois qu'il y a anomalie dans les choses du ciel.

Nous allons bon train maintenant; nos dromadaires tout à fait réveillés, augmentent l'écart de leurs fines pattes, pointent, dans ce vent plus froid des hauteurs, leur long cou d'oiseau. De temps à autre, par une trouée de nuages, un rayon inattendu tombe sur nous, dessine un moment nos ombres bizarres, puis s'éteint, nous laissant dans une plus triste lumière diffuse.

Sur ces plaines de boue craquelée, unies comme des toiles tendues, se perçoivent mieux la sveltesse des bêtes et des hommes, la sauvagerie des silhouettes, l'archaïsme des attitudes et des costumes. Elle chemine, chemine plus vite, notre caravane nouvelle, bien moins pesante que l'ancienne, et comme encore allégée ici, dans son élément qui est l'espace, l'espace profond, l'espace pareil où la vue se perd. Bêtes maigres, hommes maigres, membres affinés par les jeûnes du désert, mais muselés pourtant, membres de force et de grâce; pattes nerveuses qui vont, qui vont toujours, malgré la faim coutumière; jambes et bras nus, qui s'échappent des burnous pour se détendre comme des ressorts de métal bronzé; fusils et coutelas qui se frôlent avec des cliquetis secs; houppes de laine noire qui s'agitent et qui dansent; cuirs tailladés serrant des tailles minces; amulettes et pendeloques...

Conversation d'un instant avec mon chamelier nouveau :

— C'est loin, ton pays à toi? demande-t-il.

— Oh ! oui, c'est très loin.

— C'est Beyrouth? c'est *Cham* (Damas)?

— Non, bien plus loin encore, c'est de l'autre côté de la grande mer.

Un silence, il réfléchit, puis il lève vers moi ses yeux étonnés :

— De l'autre côté de la grande mer? Mais comment traverse-t-on la mer ? On ne marche pas sur la mer.

Bédouin de Pétra, il n'a jamais entrevu que la mer d'Akabah, qui est sans navires. J'essaye de lui expliquer : des planches qui flottent.

— Mais comment avancent-elles, tes planches ?

D'ailleurs, son esprit incrédule ne s'intéresse plus, et le silence encore retombe.

Autour de nos groupes, qui se suivent échelonnés dans le vide, et comme perdus, rien ne se passe, rien ne change et il n'y a plus rien ; les heures s'écoulent sans être comptées ; simplement, nous nous déplaçons dans de l'étendue.

Une fois, il y a une vipère, qui se traîne sur le sol lisse, traversant notre route ; alors les chameliers la tuent en poussant des cris, et c'est une furtive minute de bruit très surprenante, mais tout de suite finie, noyée, oubliée dans le grand calme de notre progression silencieuse et égale.

On est comme emporté sur des barques hautes, doucement oscillantes, qui franchiraient de compagnie une mer aux teintes sombres, sans rivages visibles.

Mais le soir, tandis que nos tentes se déplient et que nous campons en un point quelconque de l'étendue, là-bas, là-bas, une petite troupe humaine, hérissée de fusils, commence à surgir du fond de l'horizon plat.

Alors, le cheik Hassan, la main sur les yeux pour les regarder venir, prend une expression soupçonneuse :

— Ils sont à pied, dit-il; ils n'ont pas de chameaux avec eux, pas de tentes, pas de femmes. Ce sont des *voleurs de désert!*

XXIX

Ils s'approchent pourtant d'une allure inoffensive, et nous nous observons les uns les autres : gens de bien mauvaise mine, en effet, demi-..... sous des guenilles ; jeunes presque tous, bien plantés malgré leur maigreur extrême, nobles d'attitudes et de lignes ; mais des figures de pauvres loups affamés, des regards de cruauté et de souffrance. Ils ne sont guère plus de trente et nous sommes vingt-cinq ; en outre, nous avons trois fusils à répétition dans notre bande ; la partie serait donc au moins égale, — et c'est aussi leur avis, sans doute, car, en arrivant sur nous, ils biaisent cauteleusement, après nous avoir salués, et vont s'asseoir sur le sol, où ils prennent des airs de gens qui s'arrangeraient là pour dormir.

Et nous leur demandons :

— Qu'est-ce que vous nous voulez ?

— Oh ! rien, disent-ils ; seulement nous avons peur d'être seuls, *parce qu'il y a des brigands ;* alors nous profiterons de votre compagnie jusqu'à demain matin.

Peur d'être seuls ! et ils n'ont rien à perdre, et ils sont trente-six, armés jusqu'aux dents. A cela nous ripostons par un ultimatum de guerre :

— Allez-vous-en tout de suite ; ayez disparu de notre horizon avant la nuit tombée, sans quoi nous vous tirons dessus !

Une minute d'hésitation et de ricanements mauvais, et puis ils se relèvent, ramassent leurs pauvres loques, leurs pauvres bissacs déjà étalés sur le sable, et s'en vont comme des chiens battus.

Ils nous font pitié ; nous leur enverrions bien à manger, si pillards qu'ils soient, mais nous n'en avons pas de reste, car nos gens de Pétra, imprévoyants comme des oiseaux, n'ont apporté qu'un peu de farine d'orge pour le pain des premiers jours, pas d'eau pour boire, et nous serons forcés de les fournir de tout jusqu'en Palestine.

***

Le vélum de sombres nuages, qui nous avait couverts pendant la journée, s'est légèrement soulevé, détaché de l'horizon, du côté occidental, et le soleil couchant, énorme et rouge, est descendu dans cette étroite ouverture, tout bas, tout au ras des étendues terrestres.

Cependant la petite troupe hérissée de fusils gagne rapidement les extrêmes lointains ; pygmées à présent, les voleurs de désert, et bientôt perdus au fond de l'immensité plane. « C'est une ruse, ils reviendront cette nuit ! » dit Hassan, qui les regarde disparaître...

Maintenant, le soleil est à demi plongé derrière le désert ; on ne voit que la moitié de son disque de feu rouge, comme en mer les soirs de calme, mais ses rayons ont assez de force encore pour dessiner nos ombres, qui sont de longues raies parallèles, des raies infinies sur la plaine. Et une grande chamelle blanche, seule debout parmi notre caravane couchée, les contours sertis d'une ligne d'or, fait sa bête géante, en silhouette contre la lumière qui va s'éteindre. Elle pousse un long cri mélancolique vers ce soleil qui s'abîme là-bas, dans sa plaine splendeur; en elle peut-être s'ébauche quelque rudimentaire tristesse, quelque contemplation qui ne se définit pas...

Puis, la nuit vient. On ne distingue plus que le vaste cercle noir de l'étendue, au milieu duquel nos feux de veille s'allument en flambées soudaines, avec un crépitement d'incendie.

Pendant que nous soupions sous la tente, les nuages se sont évaporés, fondus dans le ciel, avec la rapidité particulière à ces pays où la pluie ne peut pas tomber.

Et la demi-lune du ramadan verse une lumière resplendissante, et pourtant étrangement mystérieuse, sur le désert; au milieu d'un ciel bleu foncé où courent de rares flocons blancs, elle est tout en haut, au zénith, faisant nos ombres presque nulles par terre, nous dessinant, aux yeux les uns des autres, avec des blancheurs et des rigidités de spectres.

A cette heure exquise, où l'on cause et rêve, assis devant les demeures de toiles légères, un groupe, que vraisemblablement nous réunirons ainsi chaque soir, se forme à la porte de ma tente, autour du café et des cigarettes ; il y a l'officier turc qui nous accompagne ; il y a le petit cheik Hassan ; son cousin Aït, cheik des chameliers, et l'un des cinq voyageurs inconnus, qui nous a paru un personnage de qualité, digne de s'asseoir en notre compagnie.

Tous pratiques de ce désert, ils sont préoccupés des rôdeurs de ce soir et s'attendent à un retour offensif de leur part dans le courant de la nuit. Nous convenons donc de veiller à tour de rôle, d'avoir les armes prêtes et de placer aux quatre vents, des sentinelles avancées.

Puis, nous causons et la connaissance s'ébauche entre nous tous.

L'officier turc est de Bagdad, — vieux rouleur qui a passé sa vie dans les postes des solitudes.

Le voyageur inconnu, qui a nom Brahim, est un cheik d'une tribu du Nord, riche en bestiaux, *un prince de Cédar* (*Ésaïe* LX, 7 ; *Ézéchiel*, XXVII, 21). Il vient de passer quatre ans en captivité chez un cheik du Sud plus puissant que lui, pour brigandage et assassinat sur les territoires de ce dernier ; il s'en retourne à présent dans son pays, avec quatre fidèles serviteurs. C'est un vieillard à barbe grise, dont le mince visage régulier et dur disparaît presque sous les plis retombants d'un voile de la Mecque.

Aït, fils d'un frère de Mohammed-Jahl, — une exquise figure fine, des dents de porcelaine blanche, et, sur chaque oreille, trois nattes de cheveux à l'antique, — nous apprend qu'il a vingt-cinq ans, qu'il est marié et père de deux petits nomades.

Le cheik Hassan, qui n'a guère qu'une vingtaine d'années, nous conte qu'il avait épousé en premières noces la sœur d'Aït, sa cousine, mais qu'il l'a répudiée parce qu'elle ne lui donnait pas d'enfants; de sa seconde femme, il vient d'avoir une petite fille... Tandis que nous causons, un de nos chameliers passe près de moi; il porte en bandoulière un arsenal de choses qui brillent à la lune : poires à poudre, briquets à silex, pinces pour le chibouck, enfin tous les accessoires qui conviennent à un élégant Bédouin. Je l'arrête, pour lui proposer de me vendre ce complément de costume; alors Hassan, qui ne sait plus quelles plus grandes prévenances me faire, le lui arrache et me le donne.

Une heure du matin — et nous dormions sous le resplendissement blanc de la lune, très calmes au milieu du calme immense.

Tout à coup, le silence déchiré, un grand cri

sauvage ! Et des coups de feu : pan ! pan ! pan ! pan !... Et, aussitôt, une clameur d'ensemble, cris de guerre, cris de rage et de frayeur, voix de fausset qui hurlent à la mort !...

Par ma porte que je soulève, je vois tous nos Bédouins qui courent, affolés, dans la même direction, demi-nus, chemise au vent, semblables à un vol de grands oiseaux que le plomb fait lever... Tactique absurde du reste, car nous ne savons plus sur qui tirer, nous, qui sortons de nos tentes éveillés en sursaut, et tout éblouis de rayons de lune...

Nous n'apercevons là-bas qu'une mêlée où ne se reconnaît personne... Et nous restons ici plutôt, rivés soudainement par l'instinct de garder nos bagages précieux, de rallier nos trois Syriens autour de nous...

D'ailleurs, la fusillade déjà cesse, les cris s'apaisent, le calme retombe. Et ils se replient sur le camp, les coureurs étourdis ; l'alerte n'a pas duré trois brèves minutes...

Les voilà revenus tous, très excités encore et parlant à la fois.

— Mais quoi, demandons-nous, qu'est-ce qu'il y a ? Est-ce fini ?

Ce sont les veilleurs du côté sud, qui ont vu des hommes s'approcher en rampant sur la terre; et, dès qu'ils ont poussé le cri d'alarme, disent-ils, ces brigands ont tiré sur eux. Mais à présent, ils se sont enfuis, nous ayant vus sur nos gardes, — et on les a perdus de vue au loin.

Mon Dieu, c'est bien possible, ce récit-là. Mais peut-être aussi les veilleurs ont-ils rêvé — ou tiré sur de vagues ombres, autant par frayeur que pour se donner le mérite et l'illusion d'une petite guerre. La vérité, nous ne la saurons jamais; ce qu'il y a de sûr, c'est que personne n'est blessé chez nous; le seul homme qui soit rentré un peu sanglant déclare s'être entaillé lui-même avec son sabre.

Devenus presque sceptiques, à la réflexion, nous avertissons nos Bédouins, pour une prochaine attaque, de ne pas prendre la volée du côté de l'ennemi, car alors nous tirerions au hasard dans le tas, avec nos fusils rapides.

Puis, nous nous rendormons sur nos deux oreilles, jusqu'au jour.

XXX

Samedi 17 mars.

Le même voile de ouates grises qui nous couvrait hier s'est de nouveau tendu sur nous, à la pointe de l'aube, après le coucher de la lune; nous nous éveillons sous un ciel d'une funèbre obscurité.

Et nous recommençons à faire route vers le nord, dans ce désert d'un gris jaunâtre, qui semble n'être plus rien que l'*étendue*, — l'étendue sous sa forme la plus simple, mais aussi la plus excitante à courir. Le vent, qui souffle presque froid au-dessous de ce grand linceul de nuages, stimule la vie, lui aussi, pousse au mouvement, à la vitesse, et jamais encore nous ne nous étions sentis tant grisés d'espace et de vide.

Le désert se maintient lisse et pareil; au loin, pourtant, sous de lourdes nuées qui traînent, des ondulations commencent de se dessiner, comme une première levée de houle, sur une immobile mer.

Des lézards squameux, couleur du sol et de l'étendue, traversent à tout instant la caravane, sous les pieds de nos bêtes.

Et çà et là, croit une maigre fleur violette que les chameaux aiment manger ; avec un petit cri de contentement dès qu'ils l'aperçoivent, ils tirent sur la guide de laine noire et tendent leur long cou abaissé vers la terre.

Nous avons laissé, ce matin, sur notre droite, la route des pèlerins de Syrie, et il n'y a plus sur le sol aucune trace, aucune sente pour nous guider.

Après les deux premières heures de marche, l'immensité change de nuance ; le désert, de jaunâtre qu'il était, devient noir en avant de nous. Déjà nous avions rencontré de ces colorations-là, mais moins accentuées, moins mortuaires. Il y a d'abord une zone de transition qui est marbrée, traversée de grandes zébrures noires et jaunes ; puis, nous entrons dans le noir absolu.

Et ce noir n'est qu'à la surface. C'est une inexplicable couche de cailloux qui semblent d'onyx ;

on dirait qu'ils sont tombés du ciel comme une grêle ; on dirait qu'on a pris soin de les égaliser et de les économiser, de façon à en couvrir des lieues et des lieues en en consommant le moins possible. Dessous, il y a tout de suite du sable, et les pieds de nos chameaux, dérangeant cet étalage superficiel, laissent sur le désert des empreintes jaunes.

⁂

Le jeune cheik de Pétra, ne trouvant pas ma selle assez luxueuse, m'a fait ce matin donner la sienne, — et maintenant, une douzaine de longs glands noirs retombent de chaque côté des flancs de mon dromadaire, traînant presque sur le sol dès que la vitesse où le vent ne les soulèvent plus.

Mon chamelier Abdoul, malgré son grand air farouche, est aussi pour moi un être prévenant et doux, rempli d'attentions enfantines ; il ramasse, pour me les donner, les verroteries bleues qui continuent de jalonner l'espace, et les tristes fleurs de la route.

Vers dix heures du matin, toujours sans pluie, les nuages se dissipent on ne sait comment ; en un clin d'œil, la voûte, qui était si basse et si menaçante, se fond de tous les côtés à la fois; et le soleil reparaît, tout de suite rayonnant, tout de suite chaud; et le vent, qui s'engouffrait si froid dans nos vêtements, sur nos poitrines, devient une caresse tiède.

Et puis, les broussailles recommencent à se montrer; non plus celles du Sud, non plus la délicieuse myrrhe, que nous regrettons, ni la plante inconnue qui emplissait le désert d'un parfum comme celui des pommes mûres, mais des genêts et des hysopes.

Le cheik Brahim, qui me comble, lui aussi, de ses prévenances, fait coucher devant moi son dromadaire et veut à toutes forces que je le monte pour la journée : « Une bête merveilleuse, dit-il, et dont je serai certainement ravi. »

En effet, une toute petite bête effilée, qui trotte sans secousses, ainsi qu'un cheval rapide ou une gazelle. Au lieu d'une selle monumentale comme était la mienne, il n'a sur le dos qu'une simple houssine en cuir tailladé, ornée de perles et de coquilles. Et, sitôt que je le touche à la naissance du col, avec mon bâton en forme de feuille de lotus, me voici parti en avant de la caravane, au grand trot léger, lancé en flèche...

Bientôt rejoint, d'ailleurs, par le petit cheik Hassan, qui s'est jeté à ma poursuite, qui prétend que son dromadaire, à lui, est supérieur encore et qui veut qu'un moment je l'essaye aussi. Donc, nous changeons, pour lui faire plaisir, et nous continuons de trotter côte à côte, prenant de l'avance dans l'infini monotone, perdant de vue derrière nous la caravane plus lente.

Une brûlante journée succède au matin si sombre. Le soleil monte dans un ciel à présent tout bleu; les lointains plats tremblent de chaleur, les lointains vides semblent se préparer pour toutes sortes de visions et de mirages...

— *Gazal! Gazal!* (les gazelles!) crie le cheik Hassan, tandis que nous détalons sur les genêts tristes...

En effet, en sens inverse de notre course, elles passent comme une envolée de sable, les petites bêtes fines, les petites bêtes de vitesse et de fuite... Mais les lointains mouvants et troubles aussitôt nous déforment leurs images, les escamotent à nos yeux déroutés.

Nous marchons toujours à l'avant-garde extrême, avec des temps de trot et avec des haltes.

Vers onze heures, un premier lac irréel nous

apparaît et nous nous y trompons tous deux : une eau d'un bleu si beau, où semblaient se mirer des arbres ! — qui n'étaient que l'agrandissement en longueur des maigres broussailles du désert...

Puis, bientôt il y en a partout, de ces eaux tentantes, qui fuient devant nous, se déforment, changent, débordent, s'en vont ou reviennent ; grands lacs ou rivières qui serpentent, ou simples étangs qui reflètent des roseaux imaginaires...

Il y en a toujours davantage, et c'est comme une mer qui peu à peu nous envahirait, une inquiétante mer qui tremble...

. . . .

Mais, vers midi, en deux ou trois minutes, brusquement toute cette fantasmagorie bleue s'évanouit comme si on avait soufflé dessus. Plus rien que les sables desséchés. Net à présent, réel, implacable, reparaît le pays de la soif et de la mort.

Nous voulons coucher ce soir en un lieu appelé l'Oued-Gherafeh, où il y a de l'eau, — de la vraie, et même une eau renommée au désert de Tih, — ce qui nous fait arriver de très bonne heure au campement.

Dès que nous avons mis pied à terre devant nos tentes déjà montées, le jeune cheik de Pétra me prend par la main pour me mener voir cette eau précieuse.

J'attendais une belle source jaillissante et c'est, dans le sable et la boue, une mare qui n'a pas trois mètres de longueur. On y a déjà puisé pour nous-mêmes ; à présent, vient le tour de nos chameliers et de nos chameaux ; ils entrent tous là dedans jusqu'aux genoux, et les bêtes, buvant en même temps que les hommes, font tomber dans l'eau leur fiente musquée.

Autour du camp, il y a presque des arbustes, acacias épineux, genêts à fleurs blanchâtres, qu'entretient le voisinage de cette mare, — et cela rend le lieu favorable aux embuscades, aux attaques de nuit, aux arrivées de voleurs qui se cachent et qui rampent. Il est, du reste, inusité pour nous de camper parmi des arbustes et de voir ce va-et-vient entre les tentes et une aiguade où l'on remplit les outres. Dans cette espèce de bocage triste, perdu au milieu de telles étendues de désert et que dore en ce moment la lumière de cinq heures du soir, c'est tout un semblant de vie pastorale que nous avons apporté là pour une fois, — tandis que, au-dessus de nos têtes, tourbillonne avec indécision un grand nuage noir d'oiseaux migrateurs, qui sans doute s'en allaient vers le Nord avec le printemps et comptaient s'arrêter ici pour boire à l'Oued-Gherafeh, si nous ne les y avions pas devancés.

***

Vers le coucher du soleil, Léo vient me confier ses remords d'avoir tué une pauvre chouette, là-bas, près de la mare, dans les broussailles. Il faut dire d'abord que nous éprouvons l'un et l'autre pour les chouettes et les ducs une sympathie particulière; ensuite, tuer pour le plaisir de tuer nous a toujours paru un indice de bestialité inférieure, — et les bourgeois d'Occident qui, sans nécessité comme sans péril, vont *s'amuser* à détruire des moineaux ou des cailles, n'ont pas d'excuse à nos yeux...

Mais voilà, il a été pris d'une distraction. Les Arabes lui montraient de loin cet oiseau, disant: « Tire! » Et étourdiment, sans reconnaître l'espèce amie, peut-être un peu pour montrer la justesse de son arme, il a tiré...

— Si nous l'enterrions, propose-t-il, ce serait toujours mieux.

Sur le sable, auprès de l'aiguade, gît la pauvre chouette: une superbe bête, en pleine jeunesse, au plumage très soigné ; elle est encore chaude, et ses grands yeux jaunes, restés ouverts, nous regardent avec une intelligente tristesse de chat.

Donc, nous creusons une petite fosse dans le sable.

Quand la chouette est au fond, couchée sur le dos, ses ailes descendant le long de son corps comme un manteau de moine, elle nous regarde encore, fixement, obstinément, avec une expression de reproche étonné qui nous fait mal.

Sur les pauvres yeux jaunes qu'on ne reverra plus jamais, sur les belles plumes si bien lissées qui vont pourrir, nous jetons d'abord le sable ; puis, nous roulons par-dessus une lourde pierre, pour assurer le calme à cette sépulture...

Assez puéril, je le reconnais, ces deux Bédouins enterrant si pieusement une chouette, à l'heure où s'abîme et s'éteint le grand soleil d'or, au milieu des solitudes du désert de Tih...

Le soir, au clair de lune, comme Hassan prévoit une attaque pour cette nuit, nous prenons nos dispositions de combat, distribuant les postes à nos Bédouins, de concert avec l'officier turc, et composant un blockhaus au moyen de trois cantines. Dans le fond, je crois que nous en mourons d'envie, d'être attaqués ; le simulacre de la précédente nuit, les cris de guerre avec la fusillade, au milieu de l'immensité vide, ayant été une chose inoubliable et rare.

Puis, vient la veillée paisible devant les tentes, l'heure où les cheiks Hassan, Aït et Brahim, gravement, s'asseyent en cercle avec nous, pour causer et pour fumer avant le sommeil, à la belle lune blanche. Ce sont des aventures de leurs razzias et de leurs pillages qu'ils nous content le plus tranquillement du monde — et que, d'ailleurs, nous écoutons de même, tant les latitudes changent les points de vue humains... Mais tout à coup, de la direction de cette mare où la chouette a été tuée, nous arrive un petit : « Hou ! hou ! » discret, un appel si doux et si plaintif...

— Ah ! bon, dit Léo, manquait plus que ça ; voilà l'*autre* qui l'appelle, à présent !

L'autre, on comprend ce que nous entendons, par l'*autre ;* l'*autre*, c'est son épouse ou c'est son époux. Ils vont toujours deux par deux, les oiseaux. Couple probablement unique à bien des lieues à la ronde, ils avaient sans doute choisi pour se réunir, le soir, ces maigres broussailles au bord de l'eau.

Et l'*autre* appelle toujours : « Hou ! hou ! » Alors, nous revoyons le regard de reproche des deux yeux jaunes enfouis dans le sable et nous oublions les histoires de brigands qui nous captivaient, l'escarmouche désirée, tout ce qui nous amusait, en écoutant, avec un serrement de cœur, ce pauvre cri d'oiseau solitaire...

XXXI

Dimanche 18 mars (dimanche des Rameaux).

Pas d'attaque cette nuit, non ; mais nos chameaux ont eu le sommeil très agité. Et ce matin, au jour, nous trouvons sur le sable, aux environs du camp, les traces nombreuses et toutes fraîches de ces rôdeurs qui les inquiétaient : les panthères.

Nous repartons. De nouveau, c'est le désert sans rien, c'est un cercle de néant, aussi régulier que celui d'une mer sans navires et sans rivages, qui tranche en gris sombre sur le ciel pâle et clair. Et encore cet inexplicable semis de cailloux noirs, rien qu'à la surface, comme s'il avait grêlé ici des petites pierres d'onyx.

La caravane chemine silencieuse, ce matin, et comme recueillie devant cette persistance de l'absolu vide.

Cependant, par degrés, à mesure que le soleil, en montant, chauffe le désert, les horizons deviennent moins précis; — puis, tout à fait vagues, et les espèces de mousselines blanches, de gazes moirées qui précèdent les mirages commencent à trembloter de plusieurs côtés à la fois.

Et il y a là-bas un troupeau de grandes bêtes blanches à long cou — des chameaux blancs! — mais en quantité prodigieuse. Ils marchent avec lenteur, dans la lumière à la fois éblouissante et trouble; ils semblent paître... Tout de même, nous nous défions de nos yeux, sachant que les proportions n'existent pas dans le désert, aux heures de ses fantasmagories...

Ah! un des chameaux déploie de grandes ailes et s'envole, — puis deux, puis trois, — puis tous... Des cigognes! Ce n'était qu'un peuple innombrable de cigognes, qui prend la volée à notre approche; elles se lèvent en masse, il en arrive du fond des lointains, que nous n'apercevions pas; elles tourbillonnent, le ciel en est obscurci, et nous reconnaissons le nuage d'hier au soir.

Toutes les cigognes d'Europe sans doute, qui rentrent dans leurs foyers avec le printemps.

*
* *

Quand elles ont disparu, nous ne voyons plus rien que de l'espace mort.

Pour changer, voici de petites ondulations, comme des vagues par beau temps, qui courent sur l'étendue; collines grisâtres, très basses et indéfiniment prolongées, parallèles ou bien se ramifiant en artères, et toujours rehaussées d'une teinte brune ou violette le long de leur arête supérieure, comme ce nuançage de poils plus foncés sur l'épine dorsale de bêtes.

Dix heures, dix heures et demie, c'est à peu près l'instant où hier les petits lacs fériques avaient commencé de se montrer. Déjà, il en apparaît quelques-uns, précurseurs sans doute d'une plus grande illusion d'ensemble, — et si frais, si bien azurés ! Ils ont toujours l'air de vouloir déborder et vous envahir ; mais, au contraire, si on s'approche... crac, plus rien : bus par le sable aride, ou repliés comme une toile bleue, disparus vite et en silence, comme une chimère qu'ils sont.

***

Et, comme les marchands madianites passaient...
(*Genèse*, XXXVII, 28).

Vers midi, dans un lieu où il y a quelques broussailles, aperçu beaucoup de monde et de chameaux, bien réels cette fois.

Ces inconnus viennent à nous : de longues robes, pour la plupart roses ou bleues : de jolies figures, plus blanches et plus pleines que celles des Bédouins ; dans le nombre, quelques barbes blondes. On s'aborde avec le cérémonial d'usage, en se touchant deux à deux du turban et en se donnant dans le vide le baiser de bienvenue.

Ce sont des marchands arabes, partis depuis sept jours de Gaza où nous allons et se rendant à l'oasis d'Akabah que nous avons quittée. Ils passent ainsi, chaque année, pour approvisionner de robes et de burnous les tribus du désert. — Rien n'est changé, ici, depuis l'époque des Madianites. — Nombreux et bien armés, ils ont des chameaux tout chargés de marchandises et nous les rencontrons à point, pour leur acheter des vêtements de rechange ; devant nous, ils déballent des chemises bédouines à longues manches, des manteaux blancs et des manteaux noirs, à l'éclatant soleil de midi, sur les cailloux qui étincellent.

Puis, nos emplettes finies, nous nous quittons avec des vœux de bon voyage et nous continuons à cheminer en sens inverse, nous déformant peu à peu aux yeux les uns des autres ; bientôt leurs chameaux nous apparaissent dédoublés par le milieu et, eux-mêmes, tantôt allongés, tantôt raccourcis, nous semblent avoir chacun deux têtes, comme, sur les jeux de cartes, les images des rois et des reines.

Après les petites collines, les plaines ; après les plaines unies, les petites collines ondulées ; solitudes après solitudes, et, quand on songe à ajouter en esprit toutes celles des jours précédents, toutes celles des jours qui vont suivre, un vague effroi vous vient.

Nous nous arrêtons pour la nuit dans un lieu singulier, sorte de cirque profond, de cratère en contrebas des plaines parcourues depuis trois jours.

Les parois de ce vaste gouffre ont des plis et des cassures d'étoffe tendue sur des pieux; elles ont aussi les mêmes nuances, exactement, et les mêmes dessins rayés que les tissus en poil de chameau qui se font au désert; de sorte qu'on dirait, autour de nous, des campements de Bédouins géants, des tentes monstrueuses, superposées à deux ou trois étages.

Quand le soleil se couche, toutes ces montagnes aux plissures d'étoffe prennent de sinistres couleurs, jaune verdâtre avec rayures de brun ardent, le tout d'une netteté violente, découpé à l'emporte-pièce sur un triste ciel lie de vin qui semble un énorme rubis vu par transparence. Puis, la lune du ramadan surgit, dans ce rose violacé et froid, la grande pleine lune, qui d'abord a l'air d'un disque en étain à peine distant de la terre. Et l'ensemble devient déroutant et effroyable: on croirait maintenant voir, dans le recul des âges cosmiques, le lever d'un satellite mort sur une planète morte.

* * *

La nuit tombe. Un grand fulgore, d'une envergure de chauve-souris, vient bourdonner autour des tentes, promenant très vite son petit fanal de phosphore vert, semblable à un feu follet.

Et le large disque d'étain suspendu en l'air devient de l'argent poli, puis du feu blanc, du feu bleuâtre, qui éclaire de plus en plus, donnant à la caravane immobilisée des rigidités de statue, fixant et pétrifiant les personnages dans leurs attitudes de repos, tandis que, du côté du couchant, longtemps après la nuit venue, un reste de la lumière du jour persiste encore comme un halo rose. Elle éclaire, elle éclaire, cette lune, autant qu'un autre soleil, — un soleil un peu fantôme, il est vrai, qui jetterait du froid en même temps que de la lumière, qui répandrait des calmes mortels avec ses rayons ; mais sa splendeur pâle écrase nos feux qui ne brillent même plus, et quand les cheiks, drapés de leurs voiles archaïques, arrivent avec lenteur devant ma tente pour la causerie des soirs, on croirait voir des prophètes de marbre s'avancer dans un éblouissement de magie.

XXXII

Lundi 19 mars.

Le camp levé, pour sortir du cirque où nous avons dormi, nous montons sur une de ces choses en forme de tente surhumaine qui nous entouraient. Alors, comme dans un panorama glacé, des désolations nouvelles apparaissent encore, à l'infini, tandis que le soleil matinal étire nos ombres minces sur le semis des cailloux noirs.

Çà et là, posées sur ces nouvelles plaines, il y a encore de ces mêmes choses aux aspects de tentes; mais des tentes isolées maintenant; les unes s'élèvent comme de simples cônes très pointus; les autres ont des cornes extravagantes, comme si l'étoffe en était soulevée et distendue par des piquets intérieurs; et, toujours, elles sont ornées de ces rayures brunes à la manière des tissus bédouins.

Lentement, elles s'éloignent derrière nous, les étranges collines et, de nouveau, les plaines se simplifient, en reviennent à n'être plus que de l'espace où les yeux ne rencontrent rien.

Dix heures, l'heure où commencent les mirages. Et d'abord apparaît une fraîche petite rivière, qui semble nous appeler, mystérieuse, tentante, avec des reflets d'arbres dans ses eaux légères. Puis, auprès ou au loin, commencent à jouer, se replier ou s'étendre, les gentils lacs trompeurs. — Mais, c'est fini, nous ne nous y prenons plus.

***

Vers midi, nous passons devant un grand campement de nomades. Un peu dans le lointain, sur le flanc de notre caravane, nous laissons leurs tentes ; en plus petit, elles sont pareilles à ces collines de ce matin, qui achèvent de s'évanouir à l'horizon derrière nous : mêmes formes, mêmes nuances et mêmes dessins rayés. A cette heure accablante, personne ne se montre aux abords ; mais des chameaux en troupe nombreuse paissent alentour et des chiens de garde nous signalent par de longs aboiements.

⁂

Au grand éclairage de trois heures, c'est ensuite une région de genêts qui passe ; des genêts entièrement couverts de leurs fleurs qui sont d'un blanc gris, d'un blanc luisant et presque métallique.

Dans cette sorte de petit bocage tout argenté, le jeune cheik de Pétra prend les devants, parce qu'il a des démêlés avec son dromadaire rétif ; la bête, nerveuse et jeune, se défend, saute comme une chèvre folle, tord son cou de cygne, se retourne les dents dégainées pour mordre en hurlant, — et enfin est maîtrisée par son cavalier : alors ils partent au galop de gazelle dans les genêts, balayant ces broussailles d'argent avec la profusion de leurs franges, pendeloques et glands noirs ; silhouettes élégantes et grêles, en fuite sur l'horizon du désert...

Nous campons le soir en un lieu appelé l'Ouady-Loussein, où il y a quelques herbages.

Et nous y recevons l'horrible visite d'une pléiade de chenilles grises, à longs poils, qui arrivent en files serrées, lentes et inépuisables.

XXXIII

Mardi 20 mars.

Nos chameaux ont dormi encore d'un sommeil troublé, dans ce ravin de l'Ouady-Loussein, se levant parfois avec des cris, à cause sans doute des panthères rôdeuses. Mais nos feux ont brillé clair toute la nuit pour éloigner les mauvaises visites.

Au soleil levant, nous reprenons notre éternelle route vers le nord. La lumière est quelconque ; le décor, banal et terne. Il semble, pendant les premières heures, que nous nous lassions du désert, ou que le désert se lasse de déployer pour nous sa silencieuse magie.

Mais, à l'extrémité du plateau où nous cheminions, des régions nouvelles nous apparaissent tout à coup dans un déroulement infini jusqu'aux premiers contreforts du pays de Moab, à travers des transparences qui permettent de voir les choses extra-lointaines; de très lumineux déserts, tout de sables pâles, d'une teinte inusitée à nos yeux. Des chaînes de tristes collines les traversent, pâles aussi, se succédant comme des séries de vertèbres; regardées en détail, elles prennent ces mêmes aspects de tente qui nous avaient frappés hier; elles ont des pointes, des cornes, avec des rayures d'étoffe bédouine fanée, ou des mouchetages de panthère décolorés au soleil.

Le vide et l'immense ne nous avaient pas encore été révélés sous de tels aspects, dans de telles blancheurs, et nous sommes bien loin de la contrée des granits roses où poussait la myrrhe. Ici, l'étendue est charpentée de calcaires, blanchâtres obstinément, que les siècles sont à peine parvenus à dorer; sur les éblouissantes plaines, croissent seulement quelques-uns de ces genêts à fleurs blanches et grises, si fleuris qu'on dirait des gerbes d'étain ou d'argent.

Et soudain voici un grand lac bleu clair qui tremble, ondule à pleins bords, étend et replie ses eaux chimériques sur toute la partie occidentale de ces terres mortes.

Il fait une lourde chaleur endormante et, au bercement monotone de la marche, nos yeux se ferment.

*
* *

« Les chameaux sont-ils passés? » C'est la question que l'on pose chaque jour, dans un demi-sommeil, sur le sol brûlant, après le repos méridien. Cela veut dire : « Nos bagages, nos bêtes de charge, tout ce qui nous suit dans la matinée, pour nous rejoindre pendant la grand'halte et nous précéder ensuite jusqu'au soir, tout cela est-il passé? Et est-il temps pour nous-mêmes de remonter en selle et de repartir? »

— Oui, depuis une demi-heure, ou depuis une heure, répond à la cantonade une voix bédouine.

— En route, alors! Ramenez les dromadaires! *(I allah, djib djimmel!)*

La tête encore dans le rêve, on s'étire et s'éveille. Au premier plan de la vue éblouie, c'est la tente avec ses éclatants bariolages, ses inscriptions arabes blanches sur fond rouge, ses tapis persans; et plus loin, par la large ouverture des toiles, c'est, au dehors, l'étincellement morne des cailloux et des sables, avec la silhouette de quelqu'un de nos chameliers accroupi en plein soleil.

Ils paissaient là-bas, les dromadaires, disséminés

dans la chaude solitude. D'être obligés de revenir et de s'agenouiller, ils se plaignent en ces vilains cris caverneux qui sont les plus habituels bruits de la vie au désert.

Une fois perché sur sa grande bête, qui s'est relevée en deux temps, on a une première impression de fraîcheur, parce qu'on est plus haut, plus loin de la terre surchauffée ; on regarde au fond des plaines la direction à suivre et, de nouveau l'on s'en va, pointant dans le monotone infini.

Plus que trois jours, après celui-ci, pour atteindre Gaza, la ville de Palestine la plus avancée vers les désolations du Sud, et nos Arabes disent que déjà le désert est moins désert, que déjà, aux replis des vallées, on trouverait de l'eau çà et là, et par conséquent des troupeaux et des hommes.

Vers deux heures, extrêmement loin, au flanc d'une de ces chaines de collines pâles à rayures d'étoffe, commencent à se dessiner des séries de choses longues et noirâtres, qui sont tapies sur le sol comme des bêtes collées ; on dirait le prodigieux agrandissement des chenilles de l'Ouady-Loussein.

Et c'est une puissante tribu qui est là campée, une de ces tribus « riches en troupeaux » dont parlent les prophètes.

Les tentes, très basses à cause des vents, sont tout en longueur et alignées sur trois ou quatre rangs, dans l'espace qui ici ne compte pas. Des troupeaux sans nombre paissent alentour; beaucoup de chamelles allaitent de comiques petits naissants, non encore tondus, à longue laine moutonnée, tenant à la fois de l'autruche et de l'agneau. Et des chèvres noires, mais noires comme de l'ébène vernie ou comme du jais, sont assemblées par centaines, formant partout des amas, des taches violentes sur le désert blanc. Les bergers échangent avec nous des saluts et des baisers dans le vide. Les bergères, craintives, se voilent à notre approche plus impénétrablement, fantômes aussi noirs que les chèvres qu'elles mènent; un ânon presque toujours se tient près de chacune d'elles, avec, sur le dos, des paniers d'où l'on voit sortir pêle-mêle plusieurs têtes enfantines : bébés amalékites aux yeux de poupée, petits chiens ou chevreaux à longues oreilles qui viennent à peine de naître.

C'est précisément la tribu du cheik Brahim, qui nous quitte avec de grands mercis, sans toutefois nous inviter à nous reposer sous sa tente, inquiet sans doute de ce qu'il y retrouvera, après sa captivité si longue.

Sortis du désert de Pharan, nous entrons ici dans ce pays de Cédar, déjà si mal famé aux temps bibliques, que les prophètes, s'indignant des péchés d'Israël, s'écriaient : « Envoyez en Cédar, et regardez s'il s'y est fait quelque chose de semblable ! » (*Jérémie*, II, 10.) Les siècles ont coulé, et Cédar est demeuré une sombre terre de brigandage et de crime...

L'étendue ensuite redevient vide jusqu'au soir. Et nous campons en un lieu encore largement désert appelé l'Ouady-Caïciré, au fond d'une vallée, près d'une source à peine saumâtre qui sort des sables.

Les collines ont ici une vague teinte verte, que nous n'avions jamais vue en Arabie Pétrée jusqu'à ce jour ; c'est l'herbe qui commence ; la désolation de la terre est près de finir. Autour de nous, il y a des roseaux, des graminées et quelques fleurs. — Des fleurs en miniature, il est vrai, mais qui sont presque de nos climats ; de petits iris qui s'élèvent à peine à deux pouces du sol ; des tulipes jaunes panachées de rouge, grandes à peu près comme l'ongle, des giroflées lilliputiennes et de microscopiques œillets. En même temps, le ciel est devenu plus septentrional; la lune, plus effacée sous des vapeurs, s'est entourée d'un halo; de longs nuages étirés en queue de chat traînent dans le ciel, et l'horizon est sombre; la nuit arrive mélancolique et voilée sur cette région d'herbages.

Nos Bédouins, sentant venir le froid d'une contrée plus humide, prennent leurs vêtements de peaux à longs poils et se coiffent tous suivant l'usage des nuits d'hiver, en s'enveloppant la tête et la gorge d'un voile brun dont les deux bouts doivent saillir de chaque côté des tempes comme de longues oreilles de lièvre.

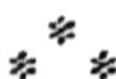

Au milieu de tant de minuscules fleurettes, habite aussi une fleur géante, espèce de quenouille jaune qui sort sans feuilles d'une racine bulbeuse.

Le cheik Aït, errant au dernier crépuscule, trouve la plus énorme de toutes et la cueille pour me l'apporter. Il a, comme les autres, mis son sayon de peau de chèvre et fait sa coiffure de nuit en oreilles de lièvre; il sourit, montrant des dents presque trop blanches, fines comme des dents de loup; avec les tresses de cheveux qui tombent le long de sa figure sauvage, il a l'aspect étrange et presque fantastique, dans l'ouverture de ma tente sur le désert d'ombre, tenant à la main sa grande fleur inconnue.

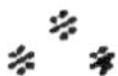

La veillée cette fois a lieu au chant des chouettes; des hou! hou! mystérieux nous arrivent de partout, de l'obscurité des broussailles, des fonds noirs de la vallée; les collines se mêlent aux nuages pour former autour de nous des rideaux de ténèbres indécises. Nos feux qui s'allument épaisissent à nos yeux une nuit soudaine; on ne voit plus que les hommes aux manteaux de poils et aux longues oreilles de bête, accroupis en silence autour des flambées de branchages.

XXXIV

Mercredi 21 mars.

Comme l'atmosphère est déjà changée! Ce n'est plus cet air vif et desséchant qui passait, irrespiré, sur un monde sans vie, tout de pierres et de sable. Non, c'est quelque chose de moins âpre peut-être, mais d'infiniment moins pur, où l'on sent comme les lourdeurs du printemps et l'haleine des prairies.

Il est vrai, à part un troupeau de gazelles qui détale le matin sur notre droite, nous ne rencontrons rien de vivant pendant les huit ou dix lieues de l'étape d'aujourd'hui. Ce sont encore des régions inhabitées, mais ce ne sont plus les sonores déserts.

Et c'est fini des jeux de lumière, des mirages. Fini aussi, des étrangetés géologiques: les collines ont des formes ordinaires, et des nuances connues où le vert bientôt dominera.

Le ciel se ternit de vapeur d'eau, la brise est molle et l'horizon s'embrume. De plus en plus, l'herbe s'étend; d'heure en heure, nous la trouvons épaissie, et le soir, toutes les collines sont vertes.

Sans doute, ce n'est que momentané, tout cela ; ce n'est qu'un revêtement éphémère jeté par les pluies de mars et que le soleil brûlera bientôt ; mais c'est égal, le renouveau, qui était sans action là-bas sur le désert, travaille profondément la terre d'ici, et nous subissons nous-mêmes son charme inattendu.

Pour la nuit, nous campons dans une vaste prairie, — illimitée encore et sans vestiges humains nulle part, mais fraîche et émaillée de fleurs, de coquelicots et de marguerites.

XXXV

Jeudi 22 mars.

Temps lourd, ciel gris et bas.

Le départ, dans des plaines fleuries, nous rappelle des chevauchées d'autrefois, entre Mékinez et Tanger ; ce ne sont pas encore les champs du Maroc, diaprés si magnifiquement, mais déjà des tapis où se mêlent les anémones, les silènes roses, les pâquerettes blanches, les iris violets et les soucis d'or.

Bientôt ce sera Chanaan, la terre propice à l'homme, la terre *où coulent le lait et le miel*, au lieu de ces resplendissantes solitudes défendues d'où nous sortons, qui nourrissent à peine le Bédouin maigre et pillard.

***

Vers midi, dans un vallon qui est comme un jardin, rencontré un pauvre chameau malade, assis à côté d'un autre, mort, le ventre déjà vidé par les bêtes. Quelque caravane qui passait l'a laissé là, à l'abandon, pour qu'il meure ; il essaye de se relever, de nous suivre, mais il retombe au bout de quelques pas, épuisé et fini, la tête dans l'herbe.

Il y a comme un adoucissement de tout, de la lumière, des formes et des couleurs. Les collines n'ont plus de structures tourmentées, mais s'arrondissent très simplement sous leur léger manteau vert; des brumes se tiennent sur les lointains et en dégradent les nuances ; il semble qu'on ait changé et atténué tout l'éclairage de la terre.

Les magnificences des midis et des soirs ne se déploient que dans les contrées où l'air, mortel aux plantes, est exempt de vapeur d'eau et diaphane autant que le vide sidéral. Nos souvenirs du désert disparu sont maintenant comme ceux que l'on garderait, en reprenant pied dans les réalités de chaque jour, après quelque spectacle de presque terrifiante magie.

Le vert, le vert nouveau continue de s'accentuer de tous côtés. Les asphodèles, qui avaient commencé de paraître avant-hier, d'abord si étiolés et courts, s'allongent, deviennent toujours plus beaux ; il y a des iris de grande espèce, d'un violet merveilleux ; il y a des arums à fleurs noires, ressemblant à des cornets de velours. Et des tortues se traînent par terre, des cailles s'enfuient sous les herbes hautes ; des alouettes joyeuses planent au ciel, et l'air est plein de chants d'oiseaux. La vie monte, monte, de partout à la fois, nous entoure, nous envahit et nous reprend, nous qui arrivons des étranges pays de la mort.

Le soir, nous rencontrons les premiers champs semés de main d'homme, des champs d'orge, labourés en sillons et plus magnifiquement verts que toutes les précédentes prairies.

Et, au campement, des Arabes, bergers ou laboureurs, qui ont leurs tentes dans le voisinage, viennent familièrement nous visiter, s'asseoir autour de nos feux.

XXXVI

Vendredi 23 mars.

Vendredi saint. Au chant des alouettes, nous nous éveillons parmi les herbages et les fleurs, dans l'immense plaine verte, sous un ciel tendu d'un voile gris perle dont les plis semblent pendre sur la terre et d'où bientôt tombe un peu de pluie.

Aujourd'hui même nous entrerons en Palestine, l'anniversaire du jour où y fut crucifié, il y aura tantôt deux mille ans, ce Consolateur que les hommes n'expliqueront jamais... Et son souvenir suffit encore à donner un charme ineffablement doux à ce pays où il nous appelle...

De la pluie, de l'herbe, et de l'herbe mouillée,

— nous avions si longtemps perdu l'habitude de ces choses !

Puis, voici que nous entendons des voix de femmes, — son depuis tant de jours oublié aussi : trois Bédouines, à califourchon sur des ânesses, traversent le camp, rieuses et non plus sauvages comme celles du vrai désert. Quand elles soulèvent, pour mieux nous voir, leurs voiles d'un bleu sombre saupoudrés de gouttes de pluie, on dirait des châsses : leurs figures sont cachées sous des réseaux de corail et d'argent, à travers lesquels elles nous regardent et qui descendent en pendeloques brillantes sur leurs gorges...

En route par de vrais sentiers bordés de tulipes, d'anémones et d'asphodèles, au milieu des champs d'orge qui bientôt couvrent toutes les plaines de leurs magnifiques velours.

L'après-midi, dans une fissure de ce pays plat, une rivière se présente à nous, claire et vive. Nous la passons à gué, — et, sur la rive nouvelle, nous sommes en Palestine !

Au gué, passaient avec nous des groupes de femmes fellahs, bergères voilées de bleu sombre, gracieuses et belles de forme, avec des amphores sur la tête ; et des moutons et des chèvres, et des vaches gonflées de lait et des veaux par centaines. L'abondance à présent et la tranquillité pastorale ; après le désert, la Terre Promise.

Cheminé longtemps encore dans les orges veloutées. Pas un arbre, pas même de broussailles ; rien qu'un infini d'herbages.

Et les campagnes se peuplent de plus en plus ; il y a partout des laboureurs en burnous qui travaillent ce sol fertile et gras, rayé de sillons innombrables. On dirait la Beauce ou certaines régions normandes ; seulement, au lieu de villages, ce sont des campements arabes : tentes poilues, tout en longueur, aplaties sur l'herbe mouillée et se suivant à la file, qui semblent, sur les lointains si verts, des processions de grandes chenilles noirâtres.

Cette surface de terre morcelée, grouillante d'hommes et d'animaux qui vivent par elle, la tondent et l'épuisent, cause aujourd'hui, à nos yeux où demeure encore l'image des solitudes, l'impression d'un riche tapis mangé aux vers ou d'une fourrure mitée.

Campé le soir sur l'herbe humide et sous le ciel gris, au milieu des immenses plaines d'orge de Chanaan.

C'est dans le voisinage d'une très riche tribu, dont le cheik vient aussitôt me faire visite sous ma tente et m'inviter à souper sous la sienne. Il est admirablement beau, avec un nez d'aigle et de grands yeux longs, pleins de caresses; son voile de soie lamée à rayures multicolores est attaché à son front par des cordelières d'or; il porte deux burnous superposés, l'un blanc et l'autre noir, dans lesquels il se drape avec une grâce royale.

J'accepte seulement d'aller prendre chez lui le café traditionnel, et je m'y rends à l'heure du soleil couchant, en compagnie des cheiks Hassan et Aït qui sont devenus de mes inséparables.

C'est un peu loin, au vent froid du soir, dans la verte plaine qui, à cette heure, se dore sur le luisant des herbages, d'un or déjà plus pâle et plus septentrional que celui du désert.

Sa tente de réception, en poil de chameau comme toutes celles de la tribu, est ouverte en grand sur la campagne, et elle est vide, avec seulement quelques belles armes, çà et là suspendues. Il me fait asseoir près de lui sur un tapis; ses deux frères ensuite, à nos côtés; puis le jeune cheik de Pétra, puis son cousin Aït, — et on allume par terre un feu de branches pour préparer ce café que nous allons boire.

Un à un, commencent d'arriver une foule d'autres personnages qui, après m'avoir touché la main, s'accroupissent devant nous, formant bientôt une silencieuse assemblée: notables de la tribu, austèrement coiffés de voiles de la Mecque, vieillards pour la plupart, aux belles têtes encadrées de barbes blanches.

Et on voit au loin, par-dessus cette ligne de majestueuses figures, le cercle de la plaine, l'infini des orges vertes, le chenillement des tentes innombrables tout le long de l'horizon occidental, et le défilé des troupeaux qui rentrent, des moutons qui bêlent tassés en masse compacte, des bœufs qui mugissent, des veaux qui sautent, des chiens bergers qui jappent affairés: toute la richesse de notre hôte superbe, passant là sous nos yeux, au soleil mourant, dans un dernier rayon d'or.

C'est une tribu de pasteurs. Ce cheik possède tous les territoires d'alentour, bien plus loin que ne porte la vue. Il nous apprend qu'il change de campement chaque mois; pendant que le café circule dans les toutes petites tasses, il nous confie aussi qu'il vient de faire deux ans de captivité dans les prisons turques, pour vol et brigandage.

Il avait souvent entendu parler de la redoutable famille Jahl, qui détient, entre cousins ou frères, tout le désert de Pétra, tout le pays d'Edom ; mais il n'avait jamais rencontré aucun de ses membres. Il témoigne à Hassan ses sentiments de déférence et l'interroge avec intérêt sur les batailles de Kérak, sur l'arrivée des réguliers turcs de Damas, sur tous les récents événements du désert. Et Hassan prend ici des allures de prince que je ne lui connaissais pas encore ; il conte, à l'auditoire ébloui, que chaque année, après le ramadan, son père Mohammed-Jahl se rend en douze jours, suivi d'une nombreuse caravane, au Caire où le khédive ne manque jamais de lui donner deux cents sacs d'orge avec cent livres d'or.

En me retirant, pour n'être pas en reste avec le beau cheik, je l'invite à venir à la veillée, accompagné de ses frères, prendre à son tour le café sous ma tente.

XXXVII

Samedi 21 mars.

Réveil comme hier, au joyeux chant des alouettes. Nous ne sommes plus qu'à une vingtaine de kilomètres de Gaza, et nous y arriverons pour midi. Toute notre escorte bédouine va nous quitter dès qu'elle nous aura déposés dans cette ville, où nous prendrons des chevaux pour continuer notre route sur Jérusalem ; c'est donc ce matin la dernière fois que nous montons nos dromadaires et que nous cheminons avec nos amis de Pétra. D'ailleurs, notre caravane, nos harnais sombres, nos costumes de teintes neutres, tout cela vient de prendre un air sauvage et différent sur ces fonds verts ; nous ne sommes plus du tout dans la note locale ; les gens si nombreux qui nous croisent dans les chemins sont vêtus de couleurs beaucoup plus vives, inspirées par les prairies de Chanaan, et ils montent des chevaux harnachés de rouge, de bleu ou de jaune, — que, du reste, nous dominons du haut de nos selles imposantes et qui nous semblent à présent de toutes petites bêtes, aux allures gaies et folles. Ils nous regardent beaucoup, ces passants, et nous considèrent comme des étrangers de l'extrême Sud.

Nous sommes longs à nous réhabituer à cette animation de la campagne, à ce morcellement de la terre fertile, à cet encombrement de la vie. Au désert, on était des rois, disposant d'espaces sans mesure ; ici, il faut suivre d'étroits sentiers et encore s'y ranger souvent pour laisser passer ses pareils. Ici, tout est rapetissé sous une lumière amoindrie, — et ces cultivateurs, si simples qu'ils paraissent comparés aux hommes d'Occident, sont déjà astreints à mille servitudes qu'ignorent les Bédouins de là-bas, oisifs et libres, ne pratiquant que le pillage et la guerre.

Quant à nos dromadaires, ils sentent à leur façon le changement des milieux ; très excités en pénétrant dans cet éden des bêtes brouteuses, ils vont d'une allure inégale, le nez au vent, flairant de droite ou de gauche les prairies et les fleurs, s'arrêtant à toute minute, avec des grognements de convoitise, pour essayer de tondre les orges fraîches. Et ils mériteraient les imprécations du prophète : « Dromadaire légère, qui ne tiens point de route certaine ! ânesse sauvage, accoutumée au désert, humant le vent à son plaisir ! » (*Jérémie*, II, 23, 24.)

Plus nombreux qu'hier, les campements arabes, les villages en poil de chameau, couronnent çà et là des élévations de terrain qui semblent pelées et comme mitées, au milieu de ces orges infinies déroulant partout leurs belles peluches vertes ; tous pareils, avec leurs enveloppes noirâtres et velues, qui se tendent sur des branches, on dirait plus que jamais les nids des chenilles géantes par qui seront dévorés les herbages d'alentour...

Après trois heures de route, les terrains se faisant toujours plus ondulés, voici, là-bas, des arbres, — les premiers ! — tout un plein vallon d'arbres ; — et voici la mer, qui, à l'extrême horizon, commence à s'indiquer par une ligne ; — et, enfin, Gaza, avec ses maisons de terre grise et ses minarets blancs, Gaza, au milieu de ses jardins et de ses bois, Gaza presque somptueuse, pour nous pauvres gens du désert, et représentant tout à coup la sécurité, le confort, les communications avec le reste du monde, toutes les modernes choses oubliées...

*
* *

Cela nous surprend de voir ici les arbres annuels sans feuilles, après l'illusion d'été que vient de nous donner le soleil plus chaud du sud. C'est pourtant vrai, que nous sommes encore en hiver!

Nous nous engageons, pour une demi-heure au moins, dans des chemins creux ensablés, entre des haies de cactus enfermant des jardins édéniques, pleins de figuiers, d'orangers, de citronniers et de roses.

Nous y croisons une population au teint blanc, bien moins basanée que nous-mêmes. Quelques femmes chrétiennes, maronites ou grecques, dont le voile relevé ne cache pas les traits et qui sont d'une beauté éclatante et fraîche avec un teint rosé; des musulmanes aussi, ne nous montrant que leurs longs yeux. Et des Arabes, des Turcs, des Juifs, chacun ayant gardé le costume de sa race, dans un éclat et une diversité de couleurs qui amusent nos yeux, après les grisailles monotones d'où nous sortons.

A l'entrée de la ville, grand bruit joyeux de voix de femmes ; un peuple de lavandières est là, tordant, à beaux bras nus, des linges dans l'eau courante.

Et maintenant nous nous engageons dans le labyrinthe des petites rues, entre les habitations aux murs de terre et aux toits de terre sur lesquels les fleurs poussent comme dans des jardins.

Du haut de nos grandes bêtes de désert, qui sont inquiètes à cause du resserré des maisons, qui frémissent au moindre bruit de porte ouverte ou de volet fermé, nous dominons presque ces taupinières, plongeant du regard dans les petites cours où des femmes sont assises.

Après les sombres yeux des nomades, ces visages d'ici nous semblent ouverts, hospitaliers et doux. Presque toutes les femmes sont sans voile, belles et blanches, avec des sourcils très noirs et des joues rosées.

La ville une fois traversée, nous trouvons, dans un cimetière musulman, notre camp monté. C'est près d'une source, qui nous paraît bien un peu trop voisine des morts ; mais enfin, ce lieu, désigné par les autorités, est, paraît-il, celui où campent tous les étrangers de distinction ; il n'y a rien à dire. Et nos dromadaires s'agenouillent là pour nous une dernière fois, traînant leurs franges noires sur l'herbe des tombes ; — c'est fini, nous ne remonterons plus ces bêtes lentes et fantasques.

Nous sommes aussitôt envahis par une légion de jeunes israélites, qui nous apportent des oranges, des citrons, des monnaies antiques et des cornalines gravées à des effigies d'anciens dieux ; — groupes de longues robes orientales, auxquelles, hélas ! se mêlent déjà deux ou trois affreux petits « complets » gris.

Et nos domestiques syriens viennent d'un air officiel nous haranguer pour l'heureuse arrivée, nous félicitant d'avoir échappé aux mains des Bédouins, aux dangers du désert ; la parole est à celui des trois qui, en route, avait eu le plus peur... Pour leur peine, nous leur faisons cadeau d'une caisse que des amis prudents nous avaient obligés à emporter du Caire et que nous n'avons même pas ouverte. (Elle contient des bandelettes pour les blessures, des remèdes pour les fièvres et pour le venin des scorpions ou des serpents.)

Puis, nous remisons nos inutiles fusils, qui n'ont servi qu'à tuer la pauvre chouette de l'Oued-

Gherafeh. C'était vraiment facile comme une promenade, cette traversée du désert !...

Et cependant, il est incontestable qu'il y a une petite impression de détente, à l'arrivée. Il semble qu'on ait secoué et rejeté de ses épaules quelque chose comme un manteau de plomb. Même, on est très aise, en somme, de retrouver sous sa main les mille petites inventions modernes, peu décoratives, il est vrai, mais assez commodes, quand une fois l'on s'y est habitué. On se sent ému par le voisinage d'une poste et d'un télégraphe, autant que l'étaient ce matin nos dromadaires par les orges vertes...

Le gouverneur ottoman de Gaza, par lequel nous commençons nos visites d'arrivée, est un prince aimable et distingué, dix-septième fils de ce célèbre Beder-Khan pacha, prince du Kurdistan, qui fut, durant de longues années, rebelle au gouvernement de Constantinople. Il habite, au milieu de la ville haute, une maison de pierres, aménagée à la turque ; dans son quartier, d'autres maisons du même genre sont les édifices publics, les logements des autorités militaires — et quelques fils télégraphiques traversent ces parages, s'en allant dans la direction de

Jérusalem. Mais le reste de la ville, sauf les mosquées et les fontaines, est encore construit avec de la terre séchée au soleil, comme les maisonnettes des oasis du Sud.

D'abord, on est surpris que Gaza, si près du désert, n'ait pas de murailles pour se défendre des incursions bédouines. L'explication qu'on en donne est que ses habitants sont « eux-mêmes moitié maraudeurs, moitié recéleurs, et que les Bédouins ont intérêt à les ménager ». C'est d'ailleurs dans ses bazars que viennent s'approvisionner tous les nomades des régions d'alentour.

Et aujourd'hui, nous faisons comme les nomades, nous qui venons du fond du désert de Pharan, à peu près dépourvus de tout; c'est dans les ruelles sombres et encombrées des bazars, que nous finissons notre journée, à des achats de costumes, de chaussures et de harnais. Vraiment, nous ne pouvons pas continuer notre route en Bédouins, surtout n'ayant plus de chameaux; ni reprendre nos vêtements d'Europe, ayant expédié nos malles à Jérusalem par mer; d'ailleurs, ce nouveau changement nous amuse, — et nos yeux devenus sauvages se prennent aux bellss couleurs des robes et des burnous de Palestine... Dans la ruelle des faiseurs de babouches, nous rencontrons les cheiks Hassan et Aït, en train de s'acheter des bottes en maroquin rouge avec, sous le talon, la haute ferrure qui sert à écraser les serpents ; un de leurs hommes les accompagne, portant sur les bras leurs précédentes emplettes, des ornements pour tête de dromadaire en verroteries et en coquillages. Alors nous nous joignons à eux pour continuer nos courses ensemble, comme une bande d'enfants barbares, éblouis par tout ce qui brille aux étalages d'ici.

La nuit tombe quand nous rentrons sous nos tentes, au milieu des cimetières, chargés tous d'éclatantes et inutiles choses.

Devant notre camp, sont les collines hérissées de tombes, où nos chameaux paissent encore, dans l'ombre envahissante.

Et, derrière nous, c'est la ville, dont les minarets, en l'honneur du ramadan, s'illuminent chacun d'une couronne de feux.

***

Le ciel s'étoile à l'infini et, vers l'Occident, la lumière zodiacale trace une persistante balafre de phosphore. Au lieu de notre silence habituel du désert, nous avons ici une très bruyante nuit de ramadan ; jusqu'au matin, des ensembles de musiques et de voix, des chants religieux, des batteries de tambour. Par instants, on dirait des troupes de muezzins, psalmodiant tous ensemble, affolés, dans des tonalités hautes et tristes. Des bandes de chanteurs viennent aussi, aux lanternes, faire le tour des cimetières où nous sommes, avec des tambourins qui battent au vieux rythme arabe. Et puis, ce sont de longs aboiements de chiens errants, des concerts infinis de grenouilles dans les marais, et pendant les intervalles de silence, le grondement lointain de la mer.

XXXVIII

Dimanche, 25 mars. *Dimanche de Pâques.*

Gaza, l'une des villes les plus vieilles du monde, nommée déjà dans la Genèse aux ténébreuses époques antérieures à Abraham (*Genèse*, x, 19), Gaza fut prise et reprise, anéantie et relevée par tous les peuples antiques de la terre ; les Égyptiens l'ont vingt fois possédée ; elle a appartenu aux Philistins, aux *géants de la race d'Énac* (*Josué*, xi, 21, 22), aux Assyriens, aux Grecs, aux Romains, aux Arabes et aux Croisés. Son sol, encombré de débris, plein d'ossements et de trésors, est travaillé jusque dans ses profondeurs. La colline de terre qui la supporte est une colline artificielle, maçonnée par en dessous en des temps reculés et imprécis ; ses alentours sont minés de souterrains de tous les âges, aux aboutissements inconnus ; ses campagnes sont criblées de trous sans fond où gîtent des serpents et des lézards.

A plusieurs reprises, elle fut splendide, surtout à l'époque du dieu Marnas, qui y possédait un célèbre temple. Aujourd'hui, les sables ont comblé son port, enfoui ses marbres. Elle n'est plus qu'un humble marché, à la porte du désert, où s'approvisionnent les caravanes.

Son aspect est resté sarrasin; au-dessus de l'amas délabré de ses maisons, s'élèvent des mosquées et des kiosques funéraires aux coupoles blanches, s'élancent des palmiers sveltes et de grands sycomores.

Pays de ruines et de poussière. Quartiers d'argile, de boue séchée, avec çà et là, incrusté dans les matériaux vils, un vieux marbre sarrasin, un blason des croisades, un morceau de colonne antique, un saint ou un Baal. Débris de temples, pavant les rues; frises de palais grecs, par terre, au seuil des portes.

Peu de passants, et bien entendu, aucune trace de voitures; des dromadaires, des chevaux, des ânons.

Quelques immobiles turbans, blancs ou verts, assis sur les marches des lieux d'adoration. Tout le mouvement, dans le bazar obscur, couvert de palmes fanées, où des Bédouins des différentes tribus du désert achètent, avec de l'argent de pillage, des harnais de chameaux, des étuis de sabre, de l'orge ou des dattes.

***

Dans une mosquée infiniment sainte, le tombeau de Nébi-el-Hachem, grand-père de Mahomet et patron actuel de la ville.

C'est au clair soleil de ce matin de Pâques que nous pénétrons là. D'abord, une vaste cour se présente à nous, entourée d'arcades blanches. Quelques hommes s'y tiennent en prières, mais surtout elle est remplie de très jeunes enfants qui y jouent sous le grand ciel bleu. En Orient, c'est l'usage : les préaux et les cours des mosquées sont le lieu de rendez-vous des bébés; on trouve naturels et convenables leurs naïfs petits jeux, à côté des vieillards prosternés qui prient.

Ici, les moins âgés, ceux qui savent à peine courir, ont chacun à la cheville un bracelet de grelots — pour que les mères entendent de loin où ils sont, comme on met des clochettes aux chèvres dans les champs.

Par quelques ogives, fermées de grilles de fer, cette cour communique avec de calmes enclos ombragés de palmiers, où croît une herbe de printemps haute et fleurie : lieux où, sans doute, dorment des morts.

Le tombeau du saint est à l'un des angles; la porte épaisse, ornée de sculptures anciennes, en est fermée à clef; quelqu'un, qui priait là, s'en va chercher le vieux prêtre gardien, et nous nous asseyons pour attendre, à l'ombre des arceaux blancs, dans la religieuse paix enveloppante.

Lentement il arrive, ce prêtre à barbe blanche et à turban vert; il ouvre, et nous entrons. Sous une petite coupole triste, ajourée par le haut, peinturlurée d'arabesques dont les humidités et les pluies éteignent la couleur, est dressé le grand catafalque de drap vert; aux quatre angles, des boules de cuivre que des croissants surmontent, et, à la tête, le turban du mort que voile une gaze fanée.

Par les petites rues, par les bazars, les gens vont et viennent, occupés de leurs affaires habituelles; ce n'est ni dimanche, ni Pâques, ici, mais un jour quelconque de l'Egire — et rien encore, dans cette première ville de Judée, n'éveille pour nous le souvenir du Christ.

Cependant, voici une autre mosquée plus grande, dont la porte gothique nous semble une porte de cathédrale, dont le seuil, où nous quittons nos babouches, est comme un seuil d'église. Au dedans, une grande nef, en forme de croix latine, avec colonnes de marbre gris, et, çà et là sur les murailles, des croix encore, qui ont été grattées, il est vrai, mais qui persistent à se dessiner sous les épaisseurs de la chaux blanche. Une église, en effet, bâtie par ces Croisés de foi ardente qui venaient jadis se faire tuer en terre sainte. Quelle puissance ils avaient, ces hommes, et quels prodiges ils pouvaient accomplir! Comme elle était belle, leur église, pour avoir été édifiée au milieu des guerres, dans un tel pays d'exil; comme elle est surprenante à rencontrer ici, toujours debout!...

Dans sa blancheur tranquille, éclairée par un reflet du grand soleil oriental qui resplendit à l'extérieur, tout à coup, quelque chose de chrétien se retrouve encore... Les Francs qui l'ont construite, il y a sept siècles, avaient déjà bien obscurci pourtant le Jésus de l'Évangile par d'enfantines légendes, — et maintenant, qui plus est, les sombres drapeaux verts de Mahomet occupent la nef dépouillée, à la place des images qu'avaient mises là ces Croisés naïfs; mais c'est égal, quelque chose du Rédempteur se retrouve, quelque chose de presque insaisissable et d'infiniment doux, — avec, aujourd'hui, une vague impression de la fête du dimanche, de la fête de Pâques...

Du reste, ils ont laissé partout leurs traces ici, les Croisés, et on risquerait de remuer de leurs ossements, si l'on fouillait ce vieux sol saturé de débris et de morts. La citadelle turque, commencée au XIIIe siècle, retouchée, changée à toutes les époques de l'histoire, offre sur ses murs un mélange de fines découpures sarrasines et de lourds blasons de chevalerie, où poussent à présent les lichens, les plantes des ruines.

***

Dans les quartiers hauts, nous nous arrêtons en un point d'où se découvre toute la Gaza grise aux maisons de terre, ses quelques minarets, ses quelques dômes blanchis environnés de palmiers; puis, les restes de ses remparts, d'époques imprécises, dont le plan ne se distingue plus et qui se perdent dans les cimetières. Un monde, ces cimetières envahissant la campagne; dans l'un d'eux, sous un sycomore, des femmes en groupe pleurent bruyamment quelque défunt, suivant les rites officiels, et leurs lamentations chantantes s'élèvent jusqu'à nous. Beaucoup de beaux jardins ombreux, beaucoup de sentiers bordés de cactus, par où remontent des cortèges d'ânons apportant en ville de l'eau dans des outres. Et enfin, la mer lointaine, les orges tout en velours et les sables du désert. Un grand panorama mélancolique, auquel il est difficile d'assigner une date dans la suite des âges, — et là-bas, couverte de tombeaux, la colline isolée où Samson, sortant une nuit de chez la courtisane, alla déposer les portes de la Gaza des Philistins (*Juges*, XVI, 2, 3).

Quand nous rentrons au camp, vers midi, les abords en sont assez animés; des juifs, marchands d'objets antiques, nous attendent, assis sur les tombes; des chrétiens grecs, endimanchés, dont quelques-uns portent même le costume européen, stationnent pour nous voir revenir.

Puis, les curieux et les vendeurs s'en vont, lassés, et nous demeurons seuls. Nos Bédouins, qui repartent ce soir pour leur désert, sommeillent étendus dans l'herbe. Gaza, silencieuse, se repose des fêtes de la nuit. Un brûlant soleil darde sur nos toiles blanches; les pierres d'alentour se couvrent de caméléons et de lézards.

Paisible et solitaire après-midi de Pâques, que nous passons là, assis devant nos tentes, dans ces cimetières, regardant le va-et-vient des lézards, qui sortent de la terre en peuplades toujours plus nombreuses. Sur toutes les dalles chaudes qui recouvrent les morts, ils se poursuivent et jouent. A la pointe de toutes les bornes funéraires, ils sont deux ou trois qui se dressent haut sur pattes et qui se dandinent bizarrement.

L'air devient lourd, lourd; l'air s'obscurcit sans nuages visibles; le soleil, terne et jaune tout à coup, n'éclaire plus, semble mourir; son disque se dessine sans rayons, comme vu au travers d'une vitre fumée, et on dirait que la fin des temps est proche. — C'est un coup de kamsin qui va passer, ce sont les déserts voisins qui vont souffler sur nous...

Dans une subite rafale, un grand vent se lève, amenant des tourbillons de sable et de poussière... *Je vois venir du désert, je vois venir de la* TERRE ÉPOUVANTABLE, *comme des tourbillons chassés par le vent du Midi, pour tout anéantir.* (*Esaïe*, XXI, 1.)

Sur le soir, la tourmente sèche est apaisée et les promeneurs reparaissent. Nous recevons la visite du gouverneur de la ville, l'aimable prince kurde, et de quelques prêtres musulmans. Puis nos chevaux de selle et nos mules de charge, mandés hier par dépêche à Jérusalem, arrivent fatigués de l'étape forcée et se couchent sur le flanc comme des bêtes fourbues. Par les sentiers bordés de cactus, les troupeaux remontent de la campagne vers la ville, et la nuit tombe.

C'est vers minuit, quand la lune sera haute, que nos Bédouins doivent se mettre en route pour Pétra, emmenant avec eux l'officier et les deux soldats turcs qui nous avaient accompagnés. Au crépuscule, ils rassemblent leurs chameaux et les entravent; puis, ils allument de grandes flambées, pour cuire le festin du départ.

Et nous nous faisons amicalement nos adieux. Avec les cheiks Hassan et Aït, on s'embrasse, échangeant des souvenirs; Hassan me donne son poignard et je lui donne mon revolver.

Elle était très obscure, la nuit, et, au milieu de tous ces tombeaux, nous nous trouvions dans une sorte de chaos ténébreux où ne se distinguait rien.

Mais voici l'heure du lever de la lune. Derrière nous, la ville, qu'on ne voyait plus, commence à s'indiquer en silhouette noire sur un informe incendie, de couleur sanglante, qui surgit à l'horizon; puis, l'incendie se condense en une masse de feu rouge, toujours plus ronde, en une boule qui monte, qui tout de suite blanchit comme de la braise subitement avivée et qui de plus en plus nous éclaire. C'est un disque de feu argenté, maintenant, qui s'élève rayonnant et léger, qui verse de la lumière plein le ciel... Et, sur ce fond lumineux, des minarets s'élancent, des palmiers dessinent leurs fins panaches noirs; tout ce qui, avant, n'existait pour ainsi dire plus, se révèle à nouveau, mille fois plus charmant que dans le jour, transfiguré en grande féerie orientale.,. Tandis qu'en face, les cimetières étagés qui nous dominent s'éclairent graduellement du haut en bas; une lueur douce, un peu rosée, qui a pris naissance au sommet des tombes, continue de grandir et de s'étendre en descendant, comme une lente tache envahissante, puis finit par plonger jusque dans le bas-fond où nous sommes : amas de nomades, de gens et de bêtes, autour de feux qui s'éteignent... Et alors, on y voit magnifiquement sous la belle lune éclatante!...

La lune est haute. C'est l'heure que les Bédouins attendaient pour partir. — Et voici le défilé très silencieux de leurs dromadaires qui commence, dans des rayons d'argent rose. Du haut de leurs grandes bêtes oscillantes, les cheiks Hassan et Aït, qui passent, nous envoient un dernier geste amical ; ils s'en retournent vers la *terre épouvantable* où ils sont nés et où ils aiment à vivre, — et leur départ met fin à notre rêve de désert.

Demain matin, au jour levé, nous monterons vers Jérusalem !...

FIN.

IMPRIMERIE CHAIX, RUE BERGÈRE, 20, PARIS. — 7030-3-95. — (Encre Lorilleux).

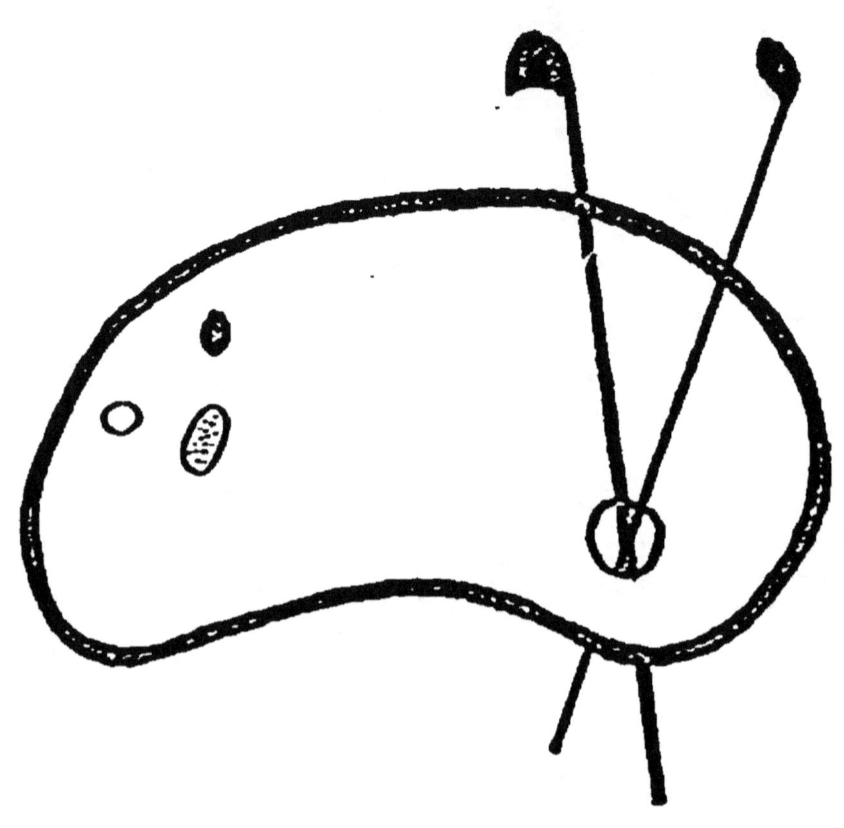

www.ingramcontent.com/pod-product-compliance
Lightning Source LLC
LaVergne TN
LVHW010550110826
845149LV00003B/616

* 9 7 8 2 0 1 2 1 6 7 0 0 1 *